# Kuhlen, Kohlen und Geklimper

# Kuhlen, Kohlen und Geklimper

## Puff & Poggel ermitteln

Kriminalerzählungen

Monika Detering &
Horst-Dieter Radke

Ruhrkrimi-Verlag

Die Deutsche Nationalbibliothek verzeichnet diese Publikation in der Deutschen Nationalbibliografie; detaillierte bibliografische Daten sind im Internet über http://dnb.dnb.de abrufbar.


Druck: Libri Plureos GmbH, Friedensallee 273,
22763 Hamburg

Taschenbuch: **ISBN 978-3-947848-99-7**

Auch als eBook erhältlich

Originalausgabe

Cover: Jörg Lingrön
Satz & Layout: Horst-Dieter Radke



**https://www.ruhrkrimi.de**

# Inhalt

# Anna, Ruinen und der Junge im Matrosenanzug

*1947*

Sie bückte sich. Das musste sie, trotz ihrer knappen einsachtundfünfzig. Der Eingang zur Ruinenbehausung in der Mülheimer Altstadt war besonders niedrig. Denn über der Tür hatten die Wehners sich eine Art »Zwischenstock« gebaut und jeden Tag dachte Anna, *Gottogott, hoffentlich kommt das ganze Gedöns nicht runter, wie kann das bloß halten.*

Aber es hielt. Die Wehnerschen Hölzer machten eben nur um einen Kopf kürzer. Sozusagen. Genau wie viele andere hatten auch sie Linden abgeholzt, der eisige Winter hatte zu Dingen gezwungen, an die Anna an diesem Sonntag in April 1947 nicht denken mochte, die sie am liebsten vergessen hätte. Aber man vergaß nicht so leicht.

Dieser Raum, den sie im letzten Herbst gefunden hatte, besaß sogar ein Fenster mit Glas. Auch wenn das Licht sich einen Weg suchen musste, um in diese ehemalige Souterrain-Wohnung zu gelangen. Aber das Zimmer war inzwischen nach dem grausamen Winter eisfrei – ebenso wie die Wände. Wenn sie auch noch sehr kalt waren, aber der Frost zog heraus. *Muss man ja froh sein*, dachte sie und ging die vier bröckelnden Stufen hoch ins Freie. In den Hof. Luft! Licht! Denn ihre »Wohnung« war dämmrig und still.

Wenn nur der Hunger nicht wäre. Heute früh gab es mit Sägemehl gestrecktes Graubrot und Brennnesseltee. Das musste sich ändern. Besaß sie doch kostbare Schätze. Jene aus Hamburg. Zwei Ringe, eine Kette, eine Uhr und das Bild mit dem Jungen im Matrosenanzug. Und andere Kleinigkeiten. Hamburg. Ach ja, seufzte sie ... Hamburg ...

***

Anna blickte über den Hinterhof. Löwenzahn hatte sich durch Schutt und Steine gequält und leuchtete. Niemand war zu sehen. Waren alle unterwegs, wahrscheinlich auf dem Schwarzmarkt.

*Muss ich auch, unbedingt. Mit den Lebensmittelkarten reicht es nie. Und die Arbeit als Kontoristin bringt auch nicht viel Lohn. 47 Reichsmark die Woche. Aber ein Pfund Zucker kostete, wenn die Lebensmittelkarte für den Monat aufgebraucht war, 80 Reichsmark. Und meine ist aufgebraucht, das meiste gab's ja überhaupt nicht. Was nützt einem dann so eine graue Karte? Vielleicht treffe ich da den Langen, diesen Heinz. Der hat mir letztens was zugesteckt. Ein bisschen Kaffee, gestreckt natürlich, aber immerhin, einfach so. Angeplinkert hat er mich. Wer macht denn so was in diesen Zeiten. Ob er eine Wolldecke hat? Im Tausch gegen das Brillengestell aus Horn? Ich hab noch eins aus Hamburg.*

Die Sonne schien an diesem Vormittag, wärmte den Kopf und den Rücken, während Annas Füße elendig kalt waren, noch steckte der Frost im Boden.

*Ob's in Hamburg jetzt besser ist?* Anna Puff dachte wieder an die Stadt an der Elbe und an jene irrwitzige Zeit.

***

'43 wurde sie in Mülheim ausgebombt, damals wohnten sie am Kirchenhügel. Und anstatt dass Hugo, ihr Mann, während des Angriffs ins nächste Haus mit dem größeren und stabileren Keller gerannt war, was Anna instinktiv getan hatte – war er geblieben. Urlaub hatte er gehabt. Urlaub. Und dann traf diese Bombe das Haus während jenes verheerenden Angriffs in der Nacht vom 22. auf den 23. Juni 1943. 530 Menschen verloren in Mülheim ihr Leben. Einer von ihnen war Hugo Puff.

Wenige Tage nach dem Angriff packte sie ihre Habseligkeiten in einen großen Stoffrucksack, den sie im Schutt gefunden hatte. Welch ein Glück! Wer wusste nach solch einer Nacht schon, wem was gehörte? Ihre Wohnung gab es nicht mehr. Das Haus war nur noch eine geschwärzte Wand, Rohre zitterten anklagend im Wind, Tapeten erzählten von der Vergangenheit und ein Kronleuchter baumelte an einem Stück Decke. Starr und versteinert ging sie in Richtung Bahnhof und stieg in einen der Züge. Sogar einen Sitzplatz ergatterte sie. Aber nur, weil der Zug erst Stunden später abfuhr. Müdigkeit war wie eine ansteckende Krankheit in ihre Knochen gekrochen, und saß in jeder Zelle. Sie schlief sofort ein und wurde irgendwann durch einen unangenehmen Geruch wach. Vor und neben ihr drängten sich Menschen, dünsteten Schmutz, Schweiß und Angst aus. Dann hieß es, alle aussteigen. Auf freier Strecke mussten sie warten. Anna war es so egal gewesen, wo sie landen würde, es war ja alles verloren, Hunger und Angst hatte sie, außerdem die paar Sachen in dem Rucksack, sogar feste Schuhe und ihren Wintermantel, in dem es an jenem Junitag viel zu warm wurde, aber es war ein gutes Vorkriegsstück und sah nicht ärmlich aus.

Nach endlosem Halten und wieder Anfahren, dem Ruf des Lokführers: »Kohle ist alle, warte auf Nachschub«, der dann irgendwie herangeschafft wurde, hielt der Zug endgültig in Hamburg. Aussteigen galt für alle. Und hier sah es sehr viel düsterer, trostloser und dunkler als in Mülheim aus. Kein Wunder, hier fielen doch mindestens so viele Bomben wie im Ruhrgebiet.

Anna war schlank, fast mager, wie so viele in diesen Jahren. In ihrem Kopf drehte es sich. Der Magen krampfte sich zusammen und signalisierte Übelkeit. Sie schwitzte und der Rucksack wurde schwer. Sie fragte vorm Hauptbahnhof, wo sie Arbeit, ein Zimmer und was zu essen bekommen könnte. Antwort bekam sie keine. Die Leute hasteten vorbei. Als sie weitergehen wollte, kippte sie um, noch ehe sie überhaupt etwas von der Stadt gesehen hatte. Sie wusste noch genau, wie die helle, zwitschernde Stimme sich angehört hatte.

»Konstantin, heb sie mit auf, wir bringen sie in den Wagen. Kann nicht so liegen bleiben«, und die Stimme setzte ein leichtes Lachen hinterher.

So kam sie nach Blankenese, in die Villa der Sängerin Friederike Meerwald. Ein Haus, dessen einstiger Glanz verloren gegangen war, in dem seit 1943 unendlich viele Leute wohnten. Die Bauchtänzerin, der Drucker, ein Maler samt Gefährtin und viele mehr. Friederike, die Elegante, bot Anna Arbeit als Kindermädchen für den siebenjährigen Albert und die sechsjährige Ingrid an. Anna bekam ein Zimmer, ein kleines, aber für sich allein. Es waren das Chaos des Krieges, das Chaos der Verlorenheit und der gierige Hunger nach Leben, die sie alle zusammenhielten. Friederike war oft unterwegs, sang vor den Truppen und brachte, wenn sie wieder zurück war, unglaubliche Schätze wie Kaffee, Butter, Zigaretten und Süßes für die Kinder mit. Deutsche Offiziere gingen bei ihr ein und aus. Es wurde bis in die Morgenstunden gefeiert, getrunken, gelacht, während Anna die Kinder immer wieder in den Schlaf sang.

Aber dann kam der Tag, an dem die Kinder nach Süddeutschland mussten. Man nannte das »Kinderlandverschickung«. Friederike Meerwald war erleichtert darüber, denn in Hamburg war niemand mehr sicher. Wenn auch die Viertel wie Blankenese weitgehend verschont blieben. Aber das konnte niemand vorher wissen.

Als Friederike die Nachricht erhielt, dass ihr Mann gefallen war, verschwand sie. Aber - Annas Lohn stand seit zwei Jahren aus. Deshalb, nur deshalb bediente sie sich. Rechnete nach, was das eine oder andere Stück wert war. Besonders auf dem Schwarzmarkt. Alle im Haus bedienten sich. Möbel, Teppiche, Bücher und anderes verschwanden, gingen unter im Nirgendwo. Weil Anna die Kinder vermisste, nahm sie auch das Portrait des kleinen Jungen mit, Albert in der dunkelblauen Matrosenuniform. Zur Erinnerung. Zum Aufbewahren. *Vielleicht kann ich es ihm einmal wiedergeben, hieß ihre Entschuldigung. Wenn die Zeiten besser geworden sind. Wenn Friederike die Kinder zurückholt. Wenn.*

Anna ging. Schlug sich durch nach Mülheim. Die Stadt hatte sie immer als ihre Heimat angesehen, obwohl sie dort nicht geboren war und auch ihre Kindheit in einer anderen Gegend verbracht hatte.

Anfang '46 hatte sie Glück, traf auf eine ehemalige Kollegin, die ihr vorübergehend einen Schlafplatz in ihrer winzigen Wohnung anbot. So lange, bis deren Mann zurückkam. Danach wurde es schwierig. In Mülheim gab es keine freien Wohnungen. Deshalb schätzte sie sich fast glücklich, als sie diesen Raum in dieser Ruine fand und besetzen konnte. Niemand war da, der darauf Anspruch erhob. Das war vor dem Wintereinbruch gewesen. Dass dieser so entsetzlich, so grausam werden würde ...

Glück hieß auch, dass sie auf der Hütte - im Büro - Arbeit bekam. Abends suchte sie in den Trümmern nach Brauchbarem. Ein Bettgestell, Holz ... manches fand sich. Kleidung und Schuhe tauschte sie gegen Friederikes Ring.

Und jetzt saß sie im Hinterhof »ihrer« Ruine und genoss die Wärme der Sonne.

Hunger, giftete es in ihr. Also schob sich Anna zurück in ihre winzige Behausung, steckte einiges zum Tauschen ein, dachte für einen Moment an das Bild mit dem kleinen Jungen, das verpackt, in einem gefundenen Koffer unter ihrem Bett lag. *Das bleibt*, entschied sie einmal wieder, *ich werd's dem Albert zurückgeben.*

***

Sie machte sich auf den Weg ins Schwarzmarktgebiet. Flüstern, Tuscheln, schnelles Auf- und Zuschlagen von Mänteln oder Jacken, Anna murmelte »Butter, Kaffee und Wurst«, zeigte kurz eine Kette hinterher. »Echt Gold, mit Brilli.«

Eine Hand legte sich auf ihre Schulter. Kontrolle? Alles hinwerfen? Nie im Leben. Da musste sie sich anders draus retten. Empört drehte sie sich um. Wollte lauthals schimpfen, so etwas wirkte manchmal.

»Frau Puff, kommen Se mal mit mir, lassen Se den Mantel zu, gehn Se mal vor bis zum Ende der Straße ...«

*Ach. Dieser Heinz, der Lennewegs. Dürrer Schlacks. Immer nett. Immer hilfsbereit. Muss er mich so erschrecken?*

Hinten, an der Ecke, blieb sie stehen. »Was ist?«, fragte sie kess.

»Schöne Augen haben Sie, so etwas sehe ich zu selten ...«

»Quatschen Sie mich nicht zu«, sagte sie. »Das haben schon andere gesagt.«

»Nun behalten Sie mal für heute Ihre Brillis und was Sie da sonst noch haben. Können wir uns später drüber unterhalten.«

»Warum dat denn?« Anna Finger umkrampften in der Manteltasche die Kostbarkeiten.

»Ich möchte Sie nach Hause bringen.«

Anna schüttelte den Kopf. »Ich hab Hunger!«

»Ich auch. Deswegen ja.« Er lachte. Es war so ein leichtes, übermütiges und durchtriebenes Schieberlachen.

»Wie – Sie wollen bei mir essen? Hab doch nix. Deshalb bin ich ja hier. Verstehnse dat nicht?«

»Haben Se Kohle zu Hause?«, fragte Heinz.

Anna nickte.

»Gut, sehr gut. Ich geh mit, Sie machen Ihren Ofen an und ich komme – dauert so ein Stündchen – mit was Gutem und wir essen gemeinsam?« Zur Bekräftigung seiner Absicht zog er aus dem Rucksack ein Schwarzbrot und gab es ihr. »Schon mal vorab!«

Während sie sich der Ruine näherten, biss Anna in das Brot, kaute und dachte: *Der kommt nie wieder, was soll's. Hab ich wenigstens für umsonst was zu essen.*

***

Er kam wieder. Wenn auch erst nach drei Stunden. Heinz Lennewegs kam mit Kartoffeln und fettem Speck, mit zwei Zwiebeln, mit Brot, Schokolade und Nivea-Creme.

Natürlich aßen sie zusammen und teilten. Diese Bratkartoffeln waren so köstlich, dass es Anna danach übel wurde. Das war sie nicht mehr gewöhnt, so reichhaltig zu essen. Und als Heinz noch sagte, nachdem sie mit Brennnesseltee ausgiebig Brüderschaft getrunken hatten, »Du musst hier raus, ist ja nur ein Loch und das Stinkehäuschen da hinten – nix für eine Frau wie dich. Ich besorg dir was«, dachte sie an eine schöne warme Märchenstunde. Wann hatte zuletzt jemand so fürsorglich mit ihr geredet?

Heinz blieb. Ihn störten in dieser Nacht die Enge des Zimmers und die Enge des Bettes nicht. Und Anna war endlich einmal wieder warm geworden, sie fror nicht wie in den vielen Nächten zuvor. Früh standen sie auf, ohne jegliche Verlegenheiten. Es war ihnen gut gegangen und ihre Gesichter wirkten entspannt. Heinz begleitete Anna zur Arbeit. Wieder sah der Himmel so aus, als würde den ganzen Tag die Sonne scheinen. Drosseln zwitscherten spöttisch aus ihrem Nest, oben in der süß duftenden blühenden Linde. Der Weg führte über zersprungene Fliesen, Geröll, über Steine, die noch gut zu gebrauchen waren.

Wie jeden Morgen ging Anna in den Toilettenraum der Hütte und wusch sich. Hier lag stets Kernseife und ihr Chef drückte beide Augen zu, denn außer ihr wusch sich auch Henriette, ihre Kollegin, vor der Arbeit.

Anna cremte sich ihr Gesicht ein, die rauen Hände. Duftende Nivea-Creme – danke Heinz! Sie steckte ihr Haar auf, rieb sich die Wangen rot und ging erfrischt an ihren kleinen Schreibtisch, vor die alte, viel genutzte Mercedes-Schreibmaschine.

***

Eine Woche später holte Heinz sie ab. Er lachte haltlosen Übermut heraus und steckte Anna damit an. Und dann flüsterte er ihr ins Ohr: »Ich habe eine Wohnung für dich. Wirklich. Kannste gleich einziehen. Kannste auch bezahlen. Ich regle das. Vertrau mir.«

Vor einem unversehrten Haus in der Schloßstraße blieb Heinz stehen. »Hier!«, sagte er. »Lass mich reden, sag erst mal nix.« Er klingelte bei »Schreiber« und es dauerte, bis die Haustür geöffnet wurde. Eine ältere Frau guckte die beiden misstrauisch an, suchte in ihrer Schürzentasche, zog eine Brille hervor, setzte sie auf und strahlte. »Ach. Hätt Sie fast nicht erkannt. Herr Lennewegs, wegen der Wohnung? Und das ist Ihre Frau?«

»Meine Verlobte, die Anna Puff.« Dabei stieß er Anna warnend in die Seite.

»Wollen Se ne Familie gründen, wird ja bald alles besser, näch? Und so still, so zurückhaltend die Dame, haben Sie Arbeit? Ach, kennen wir uns nicht? Is ja man auch egal.«

Anna nickte. Sie war viel zu verblüfft, um noch irgendetwas zu sagen.

»Ich geh mal vor!« Frau Schreiber schloss mit dem Schlüssel auf, der in der Tür steckte. »Hamse Möbel? Platz ist genügend da - auch für viele Kinderchen. Ja, wissen Se, der Herr Lennewegs hat mir so viel besorgt, hat mir sehr geholfen. Und die Wohnung ist frei, muss renoviert werden, die Leute sind halt fort, zurück nach Hamburg.«

Bei »Hamburg« zuckte Anna zusammen.

Die Wohnung war riesig. Anna wagte nicht zu fragen, wie hoch die Miete sein würde. Sie sah das große Bad. Mit Boiler. Die große Küche, Vorratskammer und so viele Zimmer. *Das ist meine Wohnung!* Sie wollte sie, musste sie haben, egal, wie.

»Und wenn's nun so schnell keine Kinder gibt, Frau Schreiber, da könnten wir doch untervermieten. Ich meine, bis dahin?« Anna wurde sogar rot, was ihr gut stand. Jedenfalls fand dies Heinz Lennewegs.

»Das geht schon. Machen wir einen Vertrag. Herr Lennewegs hat schon angezahlt, mit Kaffee, mit Kakao, mit

Reichsmark. Ich werde weggehen, ich ziehe zu meiner Tochter ins Lippsche. Aufs Land.«

***

Eine Woche nach diesem Treffen zog Anna ein. Zu später Stunde. Weil sie sich schämte, nur so wenig Sachen zu haben. Heinz aber hatte ein großes Bett organisiert, mit Matratze, mit Bettzeug, er kam mit Handtüchern und Bettwäsche und verbot Anna zu fragen, woher.

Aber das Bild mit dem kleinen Matrosen-Albert versteckte sie gut. Und erzählte nichts darüber. Das war etwas Persönliches, das quälte sie und oft fragte sie sich, was wohl aus den Geschwistern geworden war. Ob sie noch lebten? Und Friederike? Bestimmt waren alle irgendwo verstreut – und doch, wieder einmal schwor sich Anna, dieses Bild nicht zu verhökern, sondern es einmal dem Albert zurückzugeben.

Dass sie sich Tränen aus den Augen wischte, sah Heinz. Aber er dachte, vor Glück und vor Freude. Deshalb nahm er sie in die Arme und küsste sie. Ganz vorsichtig. Sehr liebevoll.

So windig er und seine Geschäfte auch waren, er schwor sich, bei Anna zu bleiben.

Offiziell hatte Heinz Lennewegs eine winzige Wohnung in der Thusneldastraße, die er behalten wollte. Und da er nicht jeden Tag und nicht jede Nacht bei Anna war, vertrugen sie sich bestens.

Frau Schreiber zog aus, übergab vorher Anna das Amt der Hausmeisterin. War so großzügig, von vornherein die Miete herunterzusetzen. »Dann gibt's kein Gejackere mit dem Bezahlen. Ich denke, so isses gut und Sie können den Herrn Lennewegs heiraten. Wenn wat Kleines unterwegs ist, schreiben se mir.«

Sie heirateten nicht. Und ein Kind war auch nicht unterwegs. Dafür besorgte Heinz Anna eine Menge – Möbel für die Zimmer – und aus der Kontoristin und Ruinenbewohnerin Anna Puff wurde eine erfolgreiche Zimmervermieterin. Bis Ende ’49 arbeitete sie auf der Hütte. Dann sagte Heinz, sie müsse ihm helfen, beim Verpacken seiner Waren und überhaupt ...

Ja. Es hätte alles so gut gehen können, wenn nicht Heinz nur ein Jahr später zu übermütig geworden wäre ...

*Monika Detering*

## Black Market

*Juli 1947*

Er kannte das von Mülheim. Zerbombte Häuser und völlig zerstörte Straßenzüge. Aber so hatte er das noch nie erlebt. Ganze Viertel waren nur noch Ruinen. Wie lange ging er schon durch den Ostsektor? Es kam ihm wie Stunden vor. Bald müsste doch das Brandenburger Tor zu sehen sein? Ein Schatten huschte über die Straße, flackerte an den Häuserwänden entlang. Er sah hoch und erkannte ein Flugzeug, war versucht, sich in einen Hauseingang zu flüchten. Dann riss er sich zusammen. *Der Krieg ist vorbei!* versicherte er sich. Keine Bomben mehr, schon länger als zwei Jahre. Aber die verfluchte Angst saß noch tief drinnen. Mit zitternden Händen holte er die Zigarettenschachtel aus der Jackentasche, ließ sie aber gleich wieder darin verschwinden. Er rauchte nicht – schon lange nicht mehr. Aber es war beruhigend, eine Schachtel dabeizuhaben. Für alle Fälle. Man wusste ja nie.

Verfluchter Auftrag. Das musste ein Ende haben. Er hätte sich nicht darauf einlassen sollen. Vermutlich sind die längst über alle Berge – oder tot. Andernfalls hätten sie sich doch sicher gemeldet? Die hätten sonst längst auf der Matte gestanden, zumindest Klothilde. Wie früher. Ihr Helmut kam nicht immer mit, der war ein hohes Tier bei der Wehrmacht und deshalb oft genug unabkömmlich. In der ganzen Familie war Tante Klothilde nicht gut angesehen, aber sie war immerhin Mutters Halbschwester und deshalb hieß es: Alfred, du fährst jetzt nach Berlin und siehst nach ihr.

Das ließ sich leichter sagen als durchführen. Die Adresse verlief ins Nichts. Ging unter in einem dieser Straßenzüge, die wie Schweizer Käse aussahen, in denen allenfalls noch Ratten hausten, hier und dort jemand aus einer Mauerlücke schaute, mit dem man besser nicht auf kurze Distanz Bekanntschaft schließen wollte. Die waren so was von ausgebombt, dass man nicht mal mehr eine Porzellanscherbe von ihrem edlen Service finden konnte. Bestimmt waren sie über alle Berge. Mussten sie ja. Helmut hätte den Nazi nicht verleugnen können. Alfred spuckte aus. Konnte er Tante Klothilde schon nicht leiden, dann ihren Helmut erst recht nicht. Gehasst hatte er ihn. Wie der immer aufgetreten war, von jüdischer Weltverschwörung geiferte und dass der Adolf denen jetzt zeige, was eine Harke sei. Bereichert hatten die beiden sich, denunziert, wo es nur ging. Wenn Helmut sich nicht abgesetzt hat, dann haben sie den am Wickel, und seine Klothilde auch. *Recht wär's ja*, dachte Alfred. *Aber vermutlich sind die über ihre Seilschaften längst im Ausland untergetaucht.*

»Mir auch lieber«, sagte er halblaut vor sich hin. »Dann muss ich nicht drüber nachdenken, ob ich die anzeige oder nicht.«

»Hasse ma 'ne Zichte für mir?«

Alfred sah den Mann, der da plötzlich neben ihm ging, überrascht an. *Wie aus dem Zille-Buch geschnitten*, ging ihm durch den Kopf. Er griff wieder in die Jackentasche, holte die Schachtel vor und klopfte zwei Zigaretten heraus. Hielt sie ihm hin. Der Mann griff erfreut zu.

»Danke, Kumpel. Gleich zwee? Ham wa ooch nich alle Tage.«

»Sag mal«, fragte Alfred, »geht's hier in Richtung Brandenburger Tor?«

»Nee, da sind Se janz falsch geloofen, wa? Komm' Se mit, icke zeig Ihnen, wo Se lang marschieren müssen.«

Zwanzig Minuten später sah Alfred das Tor zwischen den Trümmern auftauchen. Der Mann griff an seine Schiebermütze, grüßte kurz und verschwand in einer Seitengasse. Beim Näherkommen entdeckte Alfred eine Menschenansammlung vor dem Tor. Er kniff die Augen zusammen, um besser sehen zu können. *Schwarzmarkt?* Er wollte vorbei, aber es ging nicht. Wie von einem Magnet gezogen, spurte er auf den Schwarzmarkt zu. Er sah schnell: Es gab das Übliche, so wie sie es auch in Mülheim hatten. Der eine schob den rechten Ärmel hoch und zeigte mehrere Armbanduhren, ein anderer klappte den Mantel auf und hatte diverse Würste in den Taschen stecken, wieder einer bot über den Arm gelegt Nylonstrümpfe an. *Wem soll ich die auch mitbringen?*, dachte er sehnsüchtig. Eine Freundin hatte er leider nicht. Vor dem Krieg war das noch anders gewesen – aber jetzt? Es fiel ihm auf, dass auf dem Schwarzmarkt viele Amerikaner aktiv waren. Plötzlich klappte einer eine Pappkiste auf. Alfred bekam große Augen. Er konnte nicht mehr an sich halten.

»Das ist ja eine Schokoladentorte!«, rief er und beugte sich über die Kiste. Der Mann, dem diese Köstlichkeit gehörte, ließ sie den beiden Leuten, die Hausrat im Angebot hatten, zog ihnen die Matratze unter allem weg und machte sich davon. Der Kasten wurde zugeklappt. Alfred überlegte, ob er für ein Stück von der Torte etwas bieten sollte.

»Okay. Die Szene ist im Kasten. Wir machen für heute Schluss.«

Plötzlich gingen alle auseinander. Nach kaum einer halben Minute stand Alfred alleine da und sah sich erstaunt um. Einige Menschen, die ein paar Meter entfernt standen, lachten. Plötzlich wurde sich Alfred der Szenerie bewusst und errötete. Direkt vor ihm stand sie auf einem hölzernen, dreibeinigen Stativ: die Kamera. *Die haben hier einen Film gedreht? Und ich Schussel habe denen alles vermasselt. Jetzt gibt's Ärger.*

Es kam nämlich jemand auf ihn zu. Ein Typ etwa in seinem Alter, aber in amerikanischer Armeeuniform.

»Es tut mir ... äh ... leid ...«, stotterte Alfred. »Ich habe Ihnen wohl die Szene versaut?«

»Nein, guter Mann, ganz und gar nicht.« Der Wiener Akzent war unüberhörbar. »Das war zwar nicht geplant, aber es passt ganz wunderbar. Als hätte ich es selbst ins Drehbuch geschrieben. Die Szene bleibt, wie sie ist, und Sie können sich später im Kino sehen.«

»Ich kann ... was?«

»Aber Honorar gibt's nicht. Das hätten Sie vorher mit mir aushandeln müssen.«

»Aber nein ... aber nein ... ich werde doch nicht ...« Alfred war das Stottern immer noch nicht los.

»Überhaupt ist auch noch nicht sicher, ob man den Film, den wir hier drehen, in den nächsten Jahren in Deutschland überhaupt sehen will.«

»Wer spielt denn mit?«, fragte Alfred, dessen Neugierde inzwischen das Stottern überwunden hatte. Ins Kino war er immer schon gern gegangen.

»Ich habe die Jean Arthur wieder aus der Reserve geholt«, sagte der Mann und schmunzelte. »Der John Lund wird mir den Captain Pringels machen. Das war übrigens der, der eben mit der Matratze weggegangen ist.«

Alfred sah sich um, entdeckte den Mann aber nicht.

»Und für die Nachtclubsängerin habe ich mir die Dietrich geholt.«

»Wen? Marlene Dietrich?«, staunte Alfred. »»Die spielt mit?«

Der Mann nickte und zeigte ein breites Lächeln. »Genau. Die spielt und singt mit. Als Nachtclubsängerin. Als Nazischlampe. Das muss man sich mal vorstellen, wo sie doch die ganze Zeit über nichts mit diesem Gesocks zu tun hatte. Die Frau hat Größe.«

Alfred sah sich wieder um. »Ist sie hier?«

»Nein. Sie ist in Paris und kommt erst in Hollywood bei den Studioaufnahmen dazu.«

»Wär ja auch zu schön gewesen«, seufzte Alfred. Dann hielt er dem Mann die Hand hin, die dieser ergriff. »Ich heiße Poggel, Alfred Poggel.«

»Wilder«, sagte der Mann und sprach es amerikanisch aus. »Billy Wilder.«

Wieder bekam Alfred große Augen. »Wilder? Billy? Doch nicht der ...?«

»Vermutlich doch!«, sagte der andere.

»... der damals den Emil mit den Detektiven gemacht hat?«

»Allerdings« lachte der Mann. »Habe ich. Zusammen mit dem Kästner habe ich das Drehbuch geschrieben. War ’ne feine Sache.«

»Einer meiner Lieblingsfilme«, gestand Alfred. »Ich weiß nicht, wie viele Male ich den schon gesehen habe.«

»Ich denke auch noch oft daran«, sagte Billy Wilder. »Durfte damals ja noch nicht Regie führen. Das hat der Lamprecht gemacht. Aber die Zusammenarbeit mit Kästner am Drehbuch war schon gut.«

»Den würde ich auch noch mal gerne kennenlernen, den Erich Kästner«, seufzte Alfred.

»Grüßen Sie ihn dann von mir. Es geht jetzt weiter. Wir müssen noch ein paar Außenaufnahmen drehen. Vor allem drüben im Ostsektor. Hat mich gefreut, Herr Poggel, und vielen Dank für den spontanen Einsatz in der Schwarzmarktszene.«

Er hob die Hand noch einmal zum Gruß, drehte sich um und verschwand. Alfred blickte ihm nach und rief: »Wie heißt er denn?«

Billy Wilder schaute zurück. »Wen meinen Sie?«

»Na, den Film. Wie heißt der Film, den ihr hier gerade dreht?«

»A Foreign Affair«, rief der Regisseur, drehte sich wieder um und ging weiter.

Kopfschüttelnd ging Alfred davon. *Einmal hat sie doch etwas Gutes bewirkt, die Tante Klothilde. Jetzt bin ich nicht mehr böse, wenn ich sie noch finden sollte. Was aber vermutlich nicht passieren wird, denn ich fahre nachher mit dem Zug zurück.*

Er war noch nicht weit vom Brandenburger Tor entfernt, hatte gerade die Dorotheenstraße überquert und auf der Luisenstraße die Spree noch nicht erreicht, da gab es vor ihm plötzlich einen Aufruhr. Er sah, wie eine Frau weglaufen wollte, aber von anderen festgehalten und zu Boden geworfen wurde. Man schlug auf sie ein, trat sie. Alle – nicht nur die am Boden liegende Frau – kreischten und schrien. Alfred eilte hin, griff in seine Jackentasche und fühlte ein Stück Metall – die alte Dienstmarke, die er in seinem Schreibtisch gefunden hatte. Von seinem Vorgänger oder irgendwem, nicht gültig eigentlich. Aber er holte sie hervor, rief, nein schrie: »Polizei! Auseinander!« Er fuchtelte mit der Blechmarke herum und schubste die Leute von der Frau weg, half ihr mit der anderen Hand hoch.

»Hören Sie sofort auf!«, gebot er der Menge Einhalt. »Was ist hier überhaupt los?«

»Die da«, sagte ein Mann und zeigte auf die Frau, »hat einer alten Frau die Nährmittelkarten gestohlen.«

»Umgestoßen hat sie sie«, schrie eine andere »und ihr dann die Karten weggenommen.«

»Die kenne ich. Das war früher eine Denunziantin, eine von denen, die andere angezeigt haben, um selbst gut dazustehen«, rief ein Weiterer.

»Aber damit ist jetzt Schluss«, sagte ein großer Mann und trat drohend näher. »Die Zeiten sind vorbei, jetzt ist das braune Gesocks dran, Dreck zu fressen.«

Alle rückten näher und schlossen einen Kreis um Alfred und die Frau.

»Halt!«, rief Alfred. »Zurück! Keiner rührt sie an. Wenn sie sich des Diebstahls schuldig gemacht hat, dann nehme ich sie mit. Um so etwas kümmert sich die Polizei.«

»Sie soll aber erst die Marken rausrücken«, rief jemand.

Alfred sah sich die Frau näher an, die da verschmutzt und verdreckt neben ihm stand, schwer atmend, mit Prellungen im Gesicht und einer aufgeschürften Wange. Tränen hatten Spuren im Dreck hinterlassen und Rotz lief ihr aus der Nase. Trotzdem erkannte er sie sofort. Die rechte Hand hielt verkrampft etwas fest. Alfred beugte sich ein wenig zu ihr hin und flüsterte: »Du gibst mir jetzt die Karten, Klothilde, sonst kann ich für nichts garantieren.«

Den Blick konnte sich Alfred nicht erklären. Er sah Angst darin, aber auch Hass und Wut. Sie zögerte, streckte ihm dann aber die Hand entgegen und öffnete sie. Alfred nahm ihr die zerknüllten Marken ab und glättete sie ein wenig. *Fleisch, Gruppe I*, dachte er, *kriegen doch sonst nur Schwerarbeiter.*

»Wo ist die Frau, der die Karten weggenommen wurden?«

Ein altes Mütterchen, das etwas abseits von der Gruppe gestanden hatte, humpelte heran.

»Ist sie das?«, fragte Alfred die Umstehenden.

Einige nickten, einer sagte: »Ja, das ist sie.«

Alfred hielt ihr die Marken hin. Sie nahm sie ihm aus der Hand und sah ihn dankbar an.

»Mein Sohn arbeitet schwer. Das kann er nicht mehr, wenn er nichts zu essen bekommt«, sagte sie. Dann schaute sie zu der Frau, die wie abwesend neben Alfred stand. Der Blick der Alten verhärtete sich. Sie spukte aus, drehte sich um und ging davon.

»Die nehme ich mit«, sagte Alfred und griff wieder Klothildes Arm. Sie wollte sich herauswinden, doch er hielt sie fest. »Und ihr macht, dass ihr nach Hause oder an die Arbeit kommt.«

»Brauchen Se keene Zeugen, Wachtmeester?«, fragte einer keck.

»Name?«, fragte Alfred.

»Freddie Malunke.«

»Kommen Sie morgen zur Wache und geben Sie alles zu Protokoll.«

»Zu welche Wache soll icke mir begeben?«, fragte der Mann.

»Egal, die, die für Sie am günstigsten zu erreichen ist. Sagen Sie, worum es geht, dann können Sie das Protokoll auf jeder Dienststelle aufnehmen lassen. Hinterlassen Sie dann auch Ihre Adresse, damit wir Sie als Zeugen vorladen können. Dann gibt's vielleicht auch Zeugengeld.«

Der Mann tippte an seine Mütze und machte sich davon. Alfred ging mit Klothilde ein paar Schritte auf der Luisenstraße weiter. Dann ließ er sie los.

»Ich suche schon seit Tagen nach dir und wollte heute unverrichteter Dinge nach Hause fahren. Dass ich dich unter solchen Umständen doch noch treffe, hätte ich mir ja nicht träumen lassen.«

Klothilde sagte nichts.

»Warum hast du dich denn nicht gemeldet? Mutter war schon unruhig und hat sich mächtig Sorgen gemacht.«

Klothilde lachte, aber es klang eher wie eine abfällige Bemerkung. »Damit sie uns erwischen und einsperren?«

»Wenn ihr nichts ausgefressen habt, sperrt man euch auch nicht ein. Aber wenn du solche Machenschaften wie eben treibst, dann kannst du ganz schnell in Schwierigkeiten geraten.«

»Hast du mich jetzt verhaftet?«

Alfred antwortete nicht darauf, sondern fragte stattdessen: »Also, wo wohnt ihr?«

»Nirgends« sagte Klothilde und sah weg.

»Und Helmut?«

Sie zuckte mit den Schultern. »Ist weg, bevor die Russen kamen. Ich habe seither nichts mehr von ihm gehört.«

»Seit fünfundvierzig? Kein Lebenszeichen?«

Sie schüttelte den Kopf.

Alfred traute ihm alles zu. *Wird sich wohl nach Südamerika abgesetzt haben oder sonst wohin, wo sich die Altnazis versammeln. Ohne Familie kommt man natürlich besser durch.*

»Und du bist allein hiergeblieben? Mit Hedwig?« Hedwig war ihre Tochter.

»Ich habe Hedwig Ende vierundvierzig nach Flensburg geschickt; Helmuts Bruder hat dort einen Hof. Da ist sie jetzt noch. Hoffe ich.«

»Du weißt es aber nicht?«

»Ich habe ihr geschrieben. Aber antworten kann sie mir nicht. Eine feste Adresse gibt es nicht. Dass Hedwig nicht hier war, als die Russen kamen, ist mein einziger

Trost. Du ahnst ja nicht, was man als Frau aushalten muss.« Wieder sah sie weg.

Doch, Alfred ahnte, was ihr durch die Russen widerfahren war. *Gut, dass Hedwig das nicht erleben musste. Oder?* Er blickte seine Tante zweifelnd an.

»Ich nehme dich mit nach Hamm«, entschied Alfred. »Wir werden uns um dich kümmern. Von Hamm aus kannst du auch zu Hedwig Kontakt aufnehmen und sie kann dir dorthin schreiben.«

»Nach Hamm?« Für einen Augenblick leuchteten ihre Augen auf, dann wurden sie wieder ausdruckslos. »Was soll ich in Hamm? Dann werde ich doch noch eingesperrt. Nie im Leben!«

»Wer sollte dich denn einsperren?«

»Sie sperren doch alle ein, die treu zum deutschen Volk gestanden haben. Und dann geht's nach Nürnberg und an den Galgen.«

»Klothilde ...«

»Nein, ich komme nicht mit. Danke für die Hilfe, Alfred, aber das mache ich nicht.«

»Hör mal ...«

»Und du bist ja auch bei der Polizei, nein, nein, ich komme nicht. Lass mich gehen, bitte. Oder willst du mich auf der Wache abliefern?«

Alfred schüttelte den Kopf. Das hatte er nie vorgehabt. Er hatte es nur gesagt, um die aufgebrachte Menge zu zerstreuen. Hier würde ihn keiner wiedererkennen, denn morgen war er bereits nicht mehr in Berlin. Alfred überlegte, ob er sie zwingen sollte, mit ihm nach Hamm zu fahren, doch er kam schnell davon ab. Er griff in die Tasche und holte ein paar zerknitterte Scheine hervor – Reichsmark und Reichskreditkassenscheine. Sie waren nicht mehr viel wert – aber immerhin. Er zog die Zigarettenschachtel aus der anderen Tasche und reichte beides Klothilde.

»Ist leider nicht viel.«

Klothilde zögerte, dann griff sie zu, nahm die Zigaretten und das Geld. »Und du?«

»Ich habe die Rückfahrkarte bereits gekauft, und bis ich in Hamm bin, brauche ich kein Geld mehr.«

»Bist du nicht mehr in Mülheim?«

»Doch, da bin ich noch. Aber ich habe ein paar Tage frei genommen, weil Mutter mich gebeten hat, nach dir zu suchen.«

Alfred sah, dass Klothilde mit sich rang.

»Grüß sie«, sagte Klothilde, drehte sich um und ging. *Immer noch gerade und stolz, dachte Alfred. So als wenn nichts gewesen wäre, kein Tausendjähriges Reich, keine Konzentrationslager, kein Krieg und kein Nährmittelmarkendiebstahl.* Aber er war froh, dass sie nicht mitkam. Er mochte sie immer noch nicht. Jetzt noch weniger als früher. Sie hatte sich zwei Jahre lang durchgeschlagen, da würde sie es auch weiter schaffen. So wollte er es seiner Mutter sagen. Er ging etwas schneller, denn er musste noch den kleinen Koffer aus dem Hotel holen, bevor er sich zum Bahnhof Zoo begab. Viel Zeit hatte er nicht mehr.

Als er später im Zug saß, hatte er Klothilde fast schon vergessen. Er dachte nur noch daran, dass er in einem Film mitspielte, den Billy Wilder drehte, und er spürte eine Ungeduld, dass er ihn noch nicht so schnell sehen würde. *Aber nächstes Jahr, dachte er, oder übernächstes, da werde ich im Kino sitzen und mir zusehen.* Er lächelte und ahnte nicht, dass mehr als ein Jahrzehnt vergehen würde, bis er den Film zu sehen bekommen sollte.

Von Klothilde hat die Familie nie wieder etwas gehört, und auch Hedwig ließ sich in Flensburg nicht auffinden, so sehr Alfreds Mutter auch nach ihr suchen ließ.

*Horst-Dieter Radke*

## Der Professor

*1948*

*Schöne Scheiße*, dachte Alfred. *Klar, dass ich plötzlich Kriminalkommissar wurde. Sie brauchten einen Idioten, der die Kartoffeln aus der heißen Asche holt und sich dabei die Finger verbrennt.* Zwei Jahre war das nun her, '46, der Krieg kaum vorbei und das Hauptdelikt hieß Mundraub. Fringsen, wie die Kölner später sagten, nachdem das sogar die Kirche legitimiert hatte. Und nun Mord. Vorsichtig sah er sich um. Er glaubte sich nicht beobachtet, ließ das rote Parteibuch mit dem goldenen Adler auf dem Hakenkreuz in seine Tasche gleiten. Dass darin der heutige Stadtverwaltungsrat Budmann eingetragen war, hatte er mit schnellem Blick registriert.

Er blickte auf Professor Nabholz, der im Hauseingang lag. Nabholz, ein Schieber, ein stadtbekannter. Er war originell, nie um eine Antwort verlegen, tat ungemein gebildet und hatte deshalb den Spitznamen »Professor« bekommen. *Dabei war es mit seiner Allgemeinbildung nicht weit her*, überlegte Alfred. Man musste nur etwas länger mit ihm reden, dann wusste man, dass alles angelesen und angehört war, und die richtigen Zusammenhänge brachte er auch nicht immer zusammen. Aber er war pfiffig. In jeder Hinsicht. Er ließ sich nicht erwischen, er war auch in der Beschaffung kreativ und außerordentlich erfolgreich. Wenn keiner mehr Butter, Zucker und Kartoffeln besorgen konnte, dann sprang der Professor ein. Als es im letzten Winter so entsetzlich gefroren hatte, organisierte er Mäntel, Jacken, und Brennmaterial aller Art. Und sei es eine Biedermeierkommode, die momentan gar keiner wollte. Aber sie brannte eben gut. Nicht für jeden »besorgte« er, aber doch für viele in Mülheim. Und manches Erbstück, manches Schmuckstück, mancher lang in den Familien gehaltene Wertgegenstand wechselte über ihn den Besitzer. Man redete, dass Nabholz ungemein reich sei. Aber man sah ihn immer nur in einem schäbigen Mantel.

Alfred bückte sich. Der Professor lag auf den Stufen, die Arme leicht abgewinkelt, der Kopf auf der obersten Stufe, wie vorsichtig abgelegt. Aber der blutige Hinterkopf zeigte, dass da jemand nicht allzu zärtlich mit ihm umgegangen war. »Schädel eingeschlagen«, sagte Alfred laut und erhob sich wieder. »Da ist nix mehr mit besorgen und so.« Er ging von der Treppe, achtete darauf, dass jetzt niemand herunterkam, und besah sich Haus und Eingang. Es war eines jener Wohnhäuser mit zwölf oder mehr Wohnungen. Die linke Hälfte '44 zerbombt. Es standen noch Mauerreste, sonst aber nichts. Rechts war das Haus noch gut erhalten. Das Dach beschädigt, aber halbwegs intakt. Wie das möglich war, dass nur ein halbes Haus von einer Bombe erwischt wurde, konnte Alfred sich nicht erklären, aber es gab sowieso viel zu viel aus den letzten Jahren, was nicht erklärt werden konnte und besser auch nicht wurde. Alfred erinnerte sich an die Nacht im Juni '43, als die Stadt in mehreren Wellen von britischen Bomberflotten heimgesucht wurde. Die Innenstadt, die Röhrenwerke, Schmitz-Scholl, das Reichsbahnausbesserungswerk und der Hafen wurden in Schutt und Asche gelegt. Kein Stein schien auf dem anderen geblieben zu sein, was bei genauerem Hinsehen nicht ganz stimmte, aber mehr als die Hälfte des Wohnraums war zerstört. Mehrere tausend Einwohner mussten am folgenden Tag neu untergebracht werden. Wohnungen wurden deshalb geteilt oder überbelegt. So viele starben in diesem Juni. *Dieses Haus*, dachte er, *ist eine Erinnerung daran. Die Hälfte der Stadt war vernichtet.*

Die Schrecken dieser Zeit wollten wieder in ihm hochkommen, der tagelang verdrängte Ekel vor den Opfern, an deren Beseitigung er beteiligt gewesen war. Das war alles kaum fünf Jahre her. Alfred schüttelte den Kopf. Er musste diese Erinnerungen wieder einschließen in die Kammern, die vor dem wiederkehrenden Grauen schützten, sonst könnte es passieren, dass er hier stehen blieb und weinte. Er zwang sich zur Konzentration auf den Fall.

*Was hat der Professor in diesem Haus gewollt? Wohnte er etwa hier?*

Er kam nicht zu weiteren Überlegungen. Aus dem Schuttloch links neben dem Haus kroch ein Polizist hervor. Die Uniformjacke war verdreckt. Mit seinem staubverschmierten Gesicht strahlte er Alfred an und hielt ihm eine Stange entgegen. Der Kollege stolperte und Alfred sprang hastig zurück, trotzdem wäre das Eisenteil beinahe in Alfreds Augen geraten. Der Polizist fing sich im Fallen und blieb schwankend vor Alfred stehen.

»Dachte, schau ich mal, ob ich im Schutt was finde«, berichtete er. »Vielleicht hat der Mörder ja was weggeworfen. Und richtig, ich musste gar nicht lange suchen, da hatte ich diese Stange. Die muss er beim Wegrennen reingeworfen haben. Auf den ersten Blick sieht sie aus wie Schrott. Aber wenn man genauer hinsieht ...«

Alfred schaute genauer hin. Entdeckte dunkle Flecken, die wie Rost aussahen. Aber er ahnte, was diese Flecken bedeuteten, zog ein Taschentuch aus seiner Jacke, griff damit nach der Stange und besah sie sich von nahem. Etwas Schmiedeeisernes, vielleicht von einem Gitter. Abgesägt, nicht herausgebrochen. Blut befand sich nur im oberen Bereich. Damit ging er zu der Leiche und hielt die Stange über den Kopf des Professors. *So wird es vermutlich gewesen sein*, überlegte er. Hier hat ein wuchtiger Schlag schon ausgereicht ...

***

»Ist meins«, sagte Budmann. »Kann ich ja nicht leugnen. Wo haben Sie das denn her?«

»Fanden wir bei einem Ermordeten«, antwortete Alfred und zog das NSDAP-Parteibuch wieder zu sich heran. Nobel hat er es hier, dachte Alfred. So kurz nach dem Krieg und schon einen Schreibtisch dessen Oberfläche bestimmt poliert ist. Den hätte ich auch gern, aber so was kriegen wir ja nicht auf dem Revier.

»Ach – stehe ich jetzt unter Mordverdacht?«, fragte der Stadtrat und grinste.

»Dass ich bei Ihnen nachfrage, ist ja naheliegend, oder meinen Sie nicht?«

Zögernd nickte der Stadtrat. »Wer ist es denn? Ich meine, der Tote.«

»Helmut Nabholz, stadtbekannt als der Professor.«

»Aber hör'n Sie – damit habe ich nichts zu tun. Der Professor? Ach nee. Wo ich ihm immer Sachen gegeben habe, wenn er kam. Ich verstand mich mit dem immer ganz gut. Letzten Winter hat er von mir noch einiges bekommen, Dinge, für die wir keine Verwendung mehr hatten. Einen schönen Wintermantel unter anderem auch.«

»Und Sie meinen, dass Ihr Parteibuch zu dem Zeitpunkt noch in der Tasche steckte?«

»Nein, bestimmt nicht. Ein Jahr vorher, also im Herbst sechsundvierzig, war es schon weg. Ich weiß das, weil ich danach schon gesucht habe. Ich wollte es vernichten. Aber es war nicht zu finden. Ein paar Wochen später bekam ich einen Brief, ich soll allen Schmuck der Familie und hunderttausend Reichsmark zusammenpacken und am Wasserturm, an der Ruhr, übergeben, dann würde ich das Parteibuch wiederkriegen.«

»Erpressung«, sagte Alfred. »Warum haben Sie das nicht gemeldet?«

»Wollte ich ja. Dieser kleine dicke Beamte auf der Wache schickte mich weg. Man hätte jetzt anderes zu tun, als nach alten Parteibüchern zu suchen. Was Quatsch war, ich wollte ja das Buch nicht zurück.« Budmann lachte.

»Könnte aber ein nachhaltiges Motiv Ihrerseits sein«, erwiderte Alfred. »Mord, um diese Erpressung zu verhindern.«

»Nein«, sagte Budmann und schüttelte den Kopf. »Der Professor war nicht der Erpresser. Das hätte der nicht gemacht. War er kein Typ für. Wissen Sie, dass der nicht für sich gebettelt und geschoben hat? Das meiste hat er an Bedürftige in Mülheim verteilt. Und arme Leute gibt es immer noch genügend in der Stadt. Das Geld, das er durch seine Schiebereien bekam, - ach ja, davon behielt er das wenigste für sich persönlich. Vor dem Krieg gehörte er zu Mülheims wohlhabenden Bürgern – ich kannte Nabholz damals gut. Aus einfachen Verhältnissen durch Pfiffigkeit hochgekommen. Als er nach fünfundvierzig erfuhr, was mit den Juden geschehen war, wurde er über Nacht ein anderer. Weiße Haare, Zittern, Atemnot. Der Arzt konnte ihn erst nur ruhigstellen. Anfang sechsundvierzig übertrug er sein ganzes Vermögen an eine jüdische Einrichtung und ging betteln. Verstehen Sie mich jetzt? So einer erpresst nicht. Der hätte mir das Parteibuch zurückgegeben, wenn er es gehabt hätte.«

»Und wie ging die Erpressung aus?«, wollte Alfred wissen.

»Gar nicht. Ich habe nicht gezahlt. Gab eine Anzeige in der Zeitung auf: Der Finder meines NSDAP-Parteibuches kann es behalten. Ich brauch es nicht mehr. Setzte meinen Namen drunter. Daraus mache ich kein Geheimnis. Es ist nichts, womit ich mich schmücken kann, dass ich, wie viele, diesem Wahn aufsaß. Aber schuldig gemacht habe ich mich in den Jahren nicht. Da gibt es nichts zu verschweigen und nichts zu morden. Bin ja auch nicht lange in Haft gewesen. Die Engländer haben mich schnell wieder rausgelassen. Keine Ahnung, wer den Ausweis neben die Leiche gelegt hat. Vermutlich der Erpresser, der mir noch eins auswischen wollte.«

***

Unzufrieden saß Alfred in seiner Stammkneipe vor einer Tasse Kaffee und einem Glas Ibing-Bier. Beides halbleer, beides lauwarm. *Solche Leute richten sich immer nach dem Wind*, dachte er und meinte damit Budmann. *Gut, er streitet nicht ab, versucht sich nicht zu verstecken, und selbstverständlich hat er damals nichts Schlimmes getan. Haben ja alle nichts Schlimmes gemacht. Das waren die anderen, wobei nie ganz klar ist, wer die anderen sind. Die sitzen wieder in den Sesseln der Macht. Mal verdeckt und mal offen. Auch dieser Achenbach ist wieder als Rechtsanwalt tätig, vermutlich für die braune Soße, die erneut an die Macht kommen will.*

»Mein lieber Freund, mein lieber Freund,
die alten Zeiten sind vorbei,
ob man da lacht, ob man da weint,
die Welt geht weiter, eins, zwei, drei.«

Die Musik aus dem alten Volksempfänger, der bei Willy hinterm Tresen stand, ging Alfred auf die Nerven. Bei solch einem Geseiere konnte man keine klaren Gedanken fassen. Aber noch gaben seine Nerven etwas Spielraum ...

»Ein kleines Häuflein Diplomaten
macht heut die große Politik,
sie schaffen Zonen, ändern Staaten.
Und was ist hier mit uns im Augenblick?«

*Das war in den alten Zeiten auch nicht anders*, ging es Alfred durch den Kopf. *Vermutlich war das sogar immer so, vielleicht schon bei den Neandertalern. Irgendwelche Großkopferten wird es in den Höhlen auch gegeben haben.*

»Wir sind die Eingeborenen von Trizonesien,
Heidi-tschimmela-tschimmela-tschimmela-
tschimmela-bumm! ...«

»Verdammt nochmal, Willy, kannst du den Blödsinn nicht abstellen oder wenigstens leiser drehen? Ist ja nicht zum Aushalten!« Jetzt war bei Alfred eine Grenze überschritten.

»Wir haben Mägdelein mit feurig wildem Wesien,
Heidi-tschimmela-tschimmela-tschimmela-
tschimmela-bumm!«

»Wat denn, Alfred, bis doch sons' nich son Quaksack.« Willy drehte das Radio herunter, so dass kaum noch was zu hören war.

»Ist doch wahr, der Krieg ist noch nicht vorbei, wir bekommen gerade erst so richtig mit, was wir alles angestellt haben, und da singt so'n Laffel von alten Zeiten. Wir sollten sehen, dass wir die neuen vernünftig auf die Reihe bekommen.«

Alfred stand auf, warf zwei Münzen der neuen Währung auf den Tisch und verließ die Kneipe.

»Hätte ich ja nich runtadrehen brauchen«, brummte Willy und stellte das Radio wieder laut.

»Nein, so was gibt's nicht in Chinesien,
darum sind wir auch stolz auf unser Land ...«

***

Das Parteibuch lag vor ihm auf dem Schreibtisch. Und die Eisenstange mit den Blutresten. Erste Fotos vom Toten und dem Tatort – hatte er sich aber noch nicht angesehen. Und dieser Zettel? Alfred nahm ihn.

»Ulla, wer hat mir den Zettel hingelegt?«

Ulla Krapp, seine Kollegin, schaute aus dem Nebenzimmer herein, bereits im Mantel. Es war Feierabend.

»Vor einer Stunde kam jemand und wollte etwas zum Mordfall Nabholz berichten. Aber nur dem Polizeiinspektor. Du warst nicht da, also habe ich seine Adresse aufschreiben lassen. Das ist sie.«

»Und sonst?«

»Nichts und sonst. Ganz unauffälliger Typ. Arbeiter oder Handwerker. Vermutlich ist er auf eine Belohnung scharf.«

»Es gibt keine Belohnungen. Wo soll das Geld denn herkommen?«

Ulla verließ das Büro mit einem »Bis morgen«. Alfred schaute wieder auf den Zettel. Karl Thönne. *Morgen gehe ich da mal vorbei, aber sicher ist das wieder so einer, der vorsichtshalber einen Tipp abgeben will. Wie beim Toto. Diese Fußballwette, die sie gerade eingeführt haben. Überall fehlt es. Die tägliche Ration für Normalverbraucher ist auf 1550 Kalorien raufgesetzt, und auch erst seit März. Aber dass bisschen Geld, das sie haben, verwetten, das tun sie, und blöde Schlager singen.*

Er sah noch einmal auf die dürftigen Beweismittel, stand auf und ging nach Hause.

***

Es war kalt und feucht. Novemberwetter. Alfred stand vor der Adresse, die er gestern kurz vor Feierabend auf seinem Schreibtisch gefunden hatte. Gerümpel – Schrott – lag überall. Ein selbstgemachtes Schild hing schräg am Gartenzaun: Schrotthandel Thönne. Er schob das lose in den Angeln hängende Tor auf und ging auf den Kotten zu. Noch bevor er die Tür erreichte, öffnete sie sich und ein langer, dürrer Kerl stand grinsend vor ihm.

»Der Herr Polizeiinspekter?«

»Poggel«, sagte Alfred trocken. »Kriminalpolizei.«

***

Sie saßen vor dem wackeligen Küchentisch. Und jeder vor einem Klaren, den nachzuschenken der selbsternannte Schrotthändler sich nicht nehmen ließ.

»Nun erzählen Sie mal«, forderte Alfred seinen Gastgeber auf.

»Da gibbet nich viel zu azähln«, sagte Karl Thönne. »Den Professa kannte ich, der wohnte hier umme Ecke inne Baracke, als wenna sich nichts anneres hätte leisten können. Aba dat sach ich ihnen, der hatte es ganz dicke. Der tat nämmich imma nur so ein auf aam. Wat der allet durche Bettelei und Schieberei vadient hat, dat glaubse nich. Hört man ja imma wieda von so einen, dat se als Bettler leben un wenn se tot sind, findet man ein Vamögen. Dat wa Raubmord, ganz kla Raubmord.«

»Wissen Sie denn was Genaues?«

»Hömma, wat genauet? Wie soll ich wat genauet wissen? Ich wa ja nich dabei gewesen, alz se den abmurksten. Ne, wat genauet weiß ich nich. Aba 'n Vadacht hab ich.«

»Dann teilen Sie mir Ihren Verdacht mal hübsch mit.«

»Ersma hab ich aba noch 'ne Frage: Wie isset mitte Belohnung?«

»Es ist noch viel zu früh, um darüber zu sprechen«, sagte Alfred. *Habe ich mir doch gedacht, der ist nur darauf aus. Der weiß vermutlich gar nichts.* »Aber wenn Sie etwas wissen, Herr Thönne, dann müssen Sie mir das jetzt sagen. Es könnte sonst der Eindruck entstehen, dass Sie Dinge verschweigen, um möglicherweise den Täter zu schützen. Damit geraten sie ganz flott in den Verdacht der Mittäterschaft.«

»Hömma, Mittäterschaft? Glaubse nich, wat heute einen allet angehängt wird. Nee, ich doch nich. Meinsweegn, azähl ich allet. Aba auffe Belohnung vazichten nachher, dat will ich au nich.«

Alfred straffte sich, versuchte zu ignorieren, dass er schon leicht benebelt war, und blickte den Schrotthändler eindringlich an.

»Schon jut. Ich sachs ja. Da gibt's doch diesen Budmann. Im Stadtraat, is son feinen Pinkel. Der waa au nich imma fein. Vorn Kriech hatta sich ganz schön anne Judn bereichert und dann war er auf eima wer. Und der Professa hat dat gewusst. Der hat immer bei dem auffe Matte gestanden un is mit Sachen zurückgekommen. Wenna den man nich erpresst hat. Also den tät ich dat schon zutraun, mitten Mord. Den ja.«

»So, der Budmann«, sagte Alfred. *Das mit dem Dreck am Stecken glaube ich schon, dachte er. Aber in der Mordsache hängt der nicht drin. Sein Alibi ist astrein. Was ist das hier? Nur üble Nachrede, oder?* »Woher kennen Sie Stadtrat Budmann?«

»Kennt doch jeder hier. Nur uns kennt er nich mehr, nur noch seinetgleichen.«

»So. Das alles geben Sie in der Bockstraße zu Protokoll. Ich hab's notiert, aber es muss noch zu Protokoll genommen werden.«

»Wat soll ich?«

»Herr Thönne, Sie erzählen mir hier einiges über den ermordeten Nabholz und Ihre ganz persönlichen Verdachtsmomente. Dazu wollen Sie eine Belohnung. Wie soll ich rechtfertigen? Angenommen, wir erwischen den Täter aufgrund Ihrer Aussage, aber es liegt kein von Ihnen unterschriebenes Protokoll vor – nun, so können wir keine Belohnung auszahlen. Könnte doch jeder was gesagt haben.«

»Ach so is dat!«

»Eben. Deshalb kommen Sie heute Nachmittag um vier Uhr in mein Büro. Da wird das Protokoll aufgenommen und Sie bestätigen Ihre Aussage mit Ihrer Unterschrift. Sollte später tatsächlich eine Belohnung ausgezahlt werden ...«

»Jau. Dat mach ich. Heute Nachmittach auffet Revier? Wo ich gestern war?«

Alfred nickte, stand auf und schüttelte Karl Thönne die schmutzige Hand, verließ den Kotten und ging zum immer noch offenstehenden Gartentor. Als er seinen Blick nach links wandte, stutzte er kurz.

***

Willy stellte das schaumgekrönte Bierglas vor Alfred ab. »Geht aufs Haus.« Dabei blieb er am Tisch stehen. Alfred schaute zum Wirt hoch.

»Was ist los, Willy? Bist doch selten so spendabel.«

»Man kommt ja auch sonst zu nix«, antwortete der Wirt trocken. »Aber dat is für dat Festnehmn von den Professa sein Mörder.«

Alfred trank einen guten Schluck.

»Willze nich ma azähln, wiede dat gemacht hast?«

Plötzlich rückten auch die anderen aus der Gaststube näher. Die an den Nachbartischen drehten sich um.

»Da gibt es nicht viel zu erzählen«, sagte Alfred. »Die Ermittlung war ziemlich einfach, zumal der Kerl so unverschämt war, sich auf der Wache zu melden, um an die Belohnung zu kommen.«

Am Nachbartisch lachte einer. »Belohnung für einen Mord, den er selbst begangen hat. Das ist vielleicht ein Stratege.«

»Er dachte, er könnte einem anderen die Tat in die Schuhe schieben«, berichtete Alfred weiter. »Ich kann und will jetzt nicht verraten, wem. Aber er legte schon beim Mord eine Spur, die mittlerweile jedoch ins Leere geführt hatte. Das wusste der nur nicht. Als ich beim Weggehen in seinem Gerümpel das Gitter mit der fehlenden Stange sah, war mir klar, was für einer das war.«

»Wat für 'ne Stange?«

»Die Eisenstange, mit der er den Nabholz erschlagen hat, die hat er aus einem alten Gitter, das in seinem Gerümpel lag, herausgesägt, und dann direkt neben dem Tatort weggeworfen.«

Alles lachte.

»Ja und diese Gitter habe ich beim Weggehen gesehen. Als er dann nachmittags aufs Revier kam, um seine Anschuldigungen zu Protokoll zu geben, war mein Kollege mit der Tatwaffe bei ihm zu Hause und kontrollierte, ob sie wirklich aus dem Gitter stammte. Sie passte – und damit hatten wir ihn. Er gestand noch am gleichen Abend, nachdem wir ihn mit dem Gitter und der Stange konfrontiert hatten. Ganz helle im Kopf ist der nicht. Der glaubte wirklich, dass der Nabholz richtig wohlhabend war, und sich nur zum Schein als Bettler ausgegeben hat. Gefunden hat er bei ihm und auch in der Baracke, in der er untergekrochen war, allerdings so gut wie nichts. Der Professor hat alles, was er nicht selbst zum Leben brauchte, weiterverschenkt.«

Alle nickten.

»Gibt's noch ein Bier, Willy?«

»Klar« sagte der. »Aber nich mehr auffet Haus. Dat ers wieda bein nächsten aufgeklärtn Mord.«

*Horst-Dieter Radke*

## Frau Puff, wann starb Napoleon?

*1950*

Dieses verhutzelte Fräulein, dass ein Zimmer bei Anna Puff mietete, war nicht so pflegeleicht, wie es noch bei ihrem Einzug ausgesehen hatte. Ständig schlug sie mit einem dünnen Stock gegen die Wand. Hörte nur kurzfristig damit auf, wenn Anna Puff sie energisch darum bat. Heute, am Sonntagmorgen, schlug sie wieder gegen die Wand und fragte eindringlich bei weit offener Tür: »Frau Puff, wann starb Napoleon?«

»Fräulein Schemmel, lassen Se dat mit der Klopperei ein für alle Mal sein! Sie haben keinen Unterricht mehr! Und ziehen Sie den dicken Mantel aus, es ist auch nicht mehr kalt.« *Wat stinkt der nach Schweiß!*

»Das sagen alle. Alle lügen und dann erfriere ich.«

»Essen Se erst mal wat.« *Irgendwie muss ich die Frau von ihrem blöden Tick abbringen.*

»Ich habe nichts zu essen.«

»Darf ich mal?«, fragte Anna und betrat den Raum. Auf der Fensterbank entdeckte sie Möhren, drei Kartoffeln und ein fettes Stück Bauchfleisch auf einer Zeitung liegen. »Nehmen Sie das mit in die Küche und stellen Sie Ihr Zeugs endlich in die Speisekammer, da haben Se Ihr Regal. Haben wir doch schon x-mal besprochen. – Und Fleisch gehört in den Kühlschrank! Gammelt ja schon«, schimpfte sie, nachdem sie eine Riechprobe gemacht hatte. »Können Se draußen in den Müll bringen.«

»Kann man noch essen. Wo kommen wir denn hin? Wo ist eigentlich der nette Herr?«, fragte das Fräulein mit strenger Miene. »Im Gottesdienst?«

Unwirsch antwortete Anna: »Nein«, und verwies noch einmal auf das arg riechende Fleisch.

*Wenn das so weitergeht, kündige ich der aulen Mölmsche. Hat die mich letztens als »Brasspann« tituliert. Ich bin nicht dick, nur etwas füllig. Aber dick, dat ist nun wat anderes.*

*Aber die Schemmel scheint ein Ullefatzküke zu sein, eben ziemlich schlampig. Bauchfleisch auffer Fensterbank. Wo kommwa denn dahin!*

***

Annas Freund Heinz Lennewegs war schon seit dem ganz frühen Vormittag unterwegs. Wollte Fluppen verscherbeln. Er hatte immer so Ideen. Von irgendwoher hatte er Tabak ergattert und mit Anna die ganze letzte Woche Abend für Abend Zigaretten gedreht. »Heinz' seine Fluppenfabrik«, hatte er dabei gelacht. Die etwas krummen Stängel waren beliebt, weil eben günstiger als Fabrikware. Zentraler Umschlagplatz war der Bunker am Bahnhof Mülheim-Styrum.

*Was dem allet in den Kopp kommt ...* Vor der Zigarettenära hatte Heinz gegen altes Geld Lebensversicherungen auf die neue Währung, die seit Ende Juni 1948 Deutsche Mark hieß, an die Leute verkauft. Er kam ja gar nicht mehr nach mit den vielen Aufträgen. Plötzlich aber musste er für ein paar Wochen untertauchen. »Sorg dich nicht«, hatte er zu Anna gesagt, »die Versicherung Mölmer Leben gibt's gar nicht, aber vielleicht gründe ich mal eine.« Wohlweislich war er als Versicherungsdirektor, Agent, Vertreter nur in Essen, Dortmund und Dahlhausen unterwegs gewesen. Nicht in Mülheim. Er hatte dabei ein Riesenglück gehabt. Niemand zeigte ihn an. Die Betroffenen genierten sich anscheinend. Noch.

Als er sicher war, dass sich die Sache beruhigt hatte, kam die Angelegenheit mit den Spiegeln. Heinz kannte jemanden, der Spiegel mit aufwändigen schnörkeligen Rahmen herstellte. Dummerweise fuhr Heinz mit der ersten Ladung in das einzige Auto, das ihm an jenem Sonntagvormittag entgegenkam. Ausgerechnet in einen Mercedes mit Würzburger Kennzeichen.

Und jetzt wollte der Spiegelfabrikant sein Geld haben. Dem war es egal, ob die Spiegel zerdeppert oder verkauft waren.

***

*Die hätte Heinz mal in echt versichern sollen,* dachte Anna. Um an die schnellen DM zu kommen, fand heute die Bunkeraktion statt.

*Heinz' seine Luftschlösser!* Anna war schon ein wenig besorgt. *Und ich muss mich um eine verrückte Lehrerin kümmern. Habe eine Diakonisse ein Zimmer weiter und vorübergehend die Schweeders bei mir wohnen. Das eine Zimmer war noch frei. Man ist ja nicht so als Nachbarin. Man muss helfen. Bringt auch Geld. So isses nun nicht. Schweeders kriegen ihre Wohnung im Erdgeschoss wieder. Da haben sie immer gewohnt, vor dem Krieg und nach dem Krieg. Aber musste der olle Schweeder, der Eugen, da an den alten Rohren selbst rumfuhrwerken? Buchhalter haben doch zwei linke Hände. Hat man wieder mal gesehen. Wasserrohrbruch. Aber wie. Nun muss deren Wohnung erst einmal richtig austrocknen. Sonst möffkert die auf immer und ewig.*

*Hoffentlich wird Heinz die Fluppen los. Und hoffentlich merken die Leute nicht, dass wir getrocknetes Gras zwischengemischt haben. Ich mein, ist nun nix Schädliches, ist gutes Gras von vorm Haus und im Backofen getrocknet.*

Anna drehte das Grundig-Radio an. Das stammte auch vom Heinz. »Ich will nicht vergessen ...«, sang eine helle Frauenstimme nach dem Aufglühen des magischen Auges. »Ach«, seufzte Anna selbstvergessen, denn die Stimme kannte sie. Hatte sie ein paar Mal in Hamburg bei der Friederike Meerwald gehört. Weil die auch solche Sachen sang. *Dat is deren Kollegin, dat ist die Helga Wille. Wat hamwer in Friederikes Villa oft gesungen. Wo Friederike und die Helga wohl heute sind? Eine Spur hatte ich – aber die hat sich im Nichts verloren. Und die Kinners? Ach, die Kinners ...*

Ich will nicht vergessen, singt die Helga. *Doch, ich schon.* Nach diesem Lied war ihr ganz blümerant. Und wenn es Anna blümerant wurde, musste sie aufs Fahrrad. Gut. Sie hätte nach Styrum zum Bunker radeln können. Aber sie wollte lieber gucken, ob Gretchen Kalke zu Hause war. Die konnte gut nähen. Anna hatte noch einen schönen Stoff liegen ... Einstandsgeschenk von den Schweeders.

***

Schon radelte sie über die Saarner Straße, über ein Brückchen an der Ruhr, quer durchs Gelände, bis zur Styrumer Marienkirche. Schellte bei Gretchen, die gegenüber dem Kirchplatz wohnte. Niemand öffnete.

Anna lehnte das Rad an eine Laterne und setzte sich auf eine Bank. Beobachtete einen groß gewachsenen Mann mit Hut und Mantel. An der Hand hielt er einen Jungen, vielleicht acht Jahre alt. Dunkles Haar, zugeknöpfter Mantel mit Gürtel.

*Ist dat Jungchen eingeprömmelt. Nur weil Sonntach is. Sieht richtig artig aus. Aber wat wollen die von mir?*

»Guten Tag.« Der Mann lüpfte seinen Hut und machte eine kleine Verbeugung.

*Schlawiner, stellte Anna blitzschnell fest, der will mir wat verticken. Vor der Kirche. Nicht mit mir.*

»Gestatten, Sprickler. Ich möchte Sie wirklich nicht stören ...«

*Tust du aber.*

»Haben Sie einen Moment Zeit?«

»Wofür?«, fragte Anna. Jetzt kochte ihr Misstrauen hoch.

»Ach. Ich möchte mit dem Pfarrer Kleinherm von der Marienkirche etwas besprechen. Wäre besser, wenn der Junge nicht dabei ist. Familiengeschichte, wissen Sie?«

»Nein. Weiß ich nicht. Sie wollen, dass ich auf Ihren Sohn aufpasse? Ich will gleich weiter. Und das mit der Familienangelegenheit hätten Se sich mal vorher überlegen sollen.«

Der Junge hatte große tiefbraune Augen. Damit guckte er Anna unverwandt an, bis sie fragte: »Wie heißt du denn?«

»Reginald.«

*Hab' ich ja noch nie gehört.* »Aha. Wie lange soll das mit dem Pfarrer dauern, Herr Sprickler?«

»Höchstens ein halbes Stündchen. Ich wäre Ihnen außerordentlich verbunden.«

»Verbunden? Reden Se mal nicht so hochtrabend daher. Brauchen Se nicht bei mir. Halbes Stündchen, dann sind Sie aber längstens wieder zurück!«

»Ganz bestimmt.« Herr Sprickler reichte Anna zur Bekräftigung die Hand. Ein fester Händedruck. »Ich danke Ihnen sehr für Ihre Zuvorkommenheit.«

*Watten Schmalz*, dachte Anna und guckte forschend dem Herrn Sprickler hinterher, wie er über die Straße ging.

***

»Willze spielen? Hüpkern oder so?«

»Hab nix. Hüpkern kann ich nicht.«

Reginald blickte Anna von unten nach oben an.

»Dann setz dich zu mir, auf die Bank. Dein Papa kommt ja gleich. Geht ihr oft in die Kirche?«

Er schüttelte den Kopf.

»Und deine Mutter?«

»Ist zu Hause.«

»Wo wohnt ihr denn?«

»Da hinten.« Er wies unbestimmt auf die Marienstraße.

»Dann kannste da hingehen, ist doch nicht weit.«

Er schüttelte den Kopf.

*Ist dat Jungchen aber stickum.*

Anna blickte auf ihre Armbanduhr. Die halbe Stunde war vorüber. »Nun sollte dein Papa aber kommen.« Sie stand auf und reckte sich. »Ich will jetzt los. Ich muss nach Broich, ist ein Stück weit wech von hier.«

Reginald sah Anna bittend an.

»Na gut, noch ein paar Minuten warte ich. Aber so geht dat nicht. Fremden Leuten die Blagen aufs Auge drücken. Obwohl, kannz ja nix dafür, bist auch ein richtig Netter.«

Herr Sprickler kam nicht. Auch nicht nach einer Stunde.

»Komm«, sagte sie ärgerlich, »wir gehen jetzt zum Pfarrer rüber. So geht dat nicht.«

Immer noch war die Marienkirche durch die Bombenangriffe des Krieges schwer gezeichnet. Aber Anna wusste, dass seit kurzem wieder Gottesdienste in ihr abgehalten wurden. Also musste irgendwo auch ein Pfarrer sein.

»Bin ich denn blöd«, schimpfte sie, als sie mit dem Jungen vor dem Kircheingang stand. Sie ging um das Gebäude, suchte - fand weder Herrn Sprickler noch einen Pfarrer. Als jemand aus der Kirche herauskam, eilte sie auf den Mann zu und fragte. Der sagte, dass der Pfarrer an diesem späten Vormittag in einer anderen Gemeinde aushalf, und Reginalds Vater habe er nicht gesehen. Sagte noch, dass er der Küster sei.

»Los, ich hol jetzt mein Fahrrad, du setzt dich hinten drauf und ich fahr dich nach Hause. Welche Straße, welche Hausnummer?«

»Sandstraße.«

»Aber eben haste doch zur Marienstraße gezeigt. Stimmt dat denn? Die Sandstraße ist doch ganz woanders. Hausnummer?«

»Hundertsechzehn.« Reginald rollte eine Träne über die Wange.

»Kann gar nicht sein, so lang ist die Straße nicht. Meinst wohl sechzehn. Los, aufsitzen. Und heul jetzt nicht.« *Wenn dat man allet stimmt*, grübelte sie, während sie in die Pedale trat.

Sandstraße. Anna stieg ab. »Und du läufst jetzt. Bleib dicht neben mir«, ordnete sie an. Die Straße war etwas hügelig und nirgends konnte sie die angegebene Hausnummer finden. In der Nummer sechzehn wohnte eine Familie Reinersdorf.

»Flunkerste?«

Reginald schüttelte den Kopf.

*Gibbet doch alles nicht.*

»Hömma«, wandte sie sich an den Jungen, der stumm neben ihr hertrottete, als ginge ihn die Suche nichts an. »Wo wohnst du genau? Wirste doch wohl wissen, wie alt biste?«

»Zehn.«

»Übertreib man nicht, sagen wir höchstens neun. Wahrscheinlich biste acht.«

Anna klingelte kurzerhand an einigen Häusern, sah erstaunte Gesichter von Frauen, von Männern, man sah, dass sie sich in der Mittagszeit gestört fühlten. Sie blickten kurz auf Reginald herunter und schüttelten die Köpfe.

***

»Was mach ich jetzt mit dir? Sag doch auch mal etwas, haste die Sprache verlorn?«

Reginald setzte einen herzzerreißenden Blick ein. Schaute zum Himmel und Anna dachte: Ist seine Mutter gestorben?

***

Es wurde Nachmittag, bis Anna wieder zu Hause war. Mit dem Jungen. Es war ihr nichts anderes übriggeblieben. Nirgends trafen sie auf den Vater, den Herrn Sprickler, und der Junge schien sich in Mülheim überhaupt nicht auszukennen. Sie war mit Reginald noch einmal zur Marienkirche geradelt, hatte sich Zettel und Stift ausgeliehen, ihren Namen und Adresse aufgeschrieben und an Herrn Sprickler mit Ausrufezeichen adressiert, gefaltet und zwischen die Kirchentür geschoben. *Wird er doch wohl finden. Ansonsten der Pfarrer.*

***

»Soll ich dich zur Polizei bringen?«, fragte Anna den Jungen, der in ihrer Küche Brote mit Margarine und Zucker aß und Kakao dazu trank. »Wäre wohl das Beste.«

Da sprang er auf und rannte zur Korridortür.

»Warte, was ist denn?«

Sie schnappte den Jungen gerade noch am Hosenträger. »Haste Schiss vorn Schupo? Warum denn dat? Tut doch nix. Der hilft dir nur nach Hause. Ich jedenfalls weiß nicht weiter. Kann dich doch nicht hierbehalten.«

Obwohl – sie würde es schon wollen, einen Tag lang einen Sohn zu haben. Und hübsch war er auch. Diese etwas bräunliche Haut, das dunkle Haar, das alles gefiel ihr schon. Und erinnerte sie an etwas.

Fräulein Schemmel kam herein. Sah den Jungen, reckte sich, piekte mit dem Zeigefinger gegen dessen Brust und fragte: »Mein Kind, und wann starb Napoleon?«

Reginald streckte die Zunge raus und versteckte sich hinter Anna.

»Freche Blagen!«, raunzte die ehemalige Lehrerin. »Ich will jetzt kochen!«

»Was denn?«, fragte Anna.

»Eintopf mit Bauchfleisch.«

»Nicht mit dem Gammelzeuch und nicht um diese Uhrzeit. Gekocht wird in meiner Küche zwischen halb zwölf und eins. Dann ist Schluss. Wir haben jetzt halb fünf.«

»Ich kündige!«, schnaubte Fräulein Schemmel. »Und erziehen Sie Ihr Kind mal richtig.«

Reginald stand rum. Anna wusste nicht weiter. Seine Eltern müssten ihn doch längst vermissen. *Hoffentlich ist der Vater so klug und geht noch mal zur Marienkirche. Und wenn er bis heute Abend nicht kommt? Was mach ich dann? Nachher kriege ich noch was auffen Hals wegen Kindesentführung. Wenn doch der Heinz endlich käme. Aber wenn dann hier die Polizei wäre, ist das auch nicht besonders gut. Wegen Heinz' seine komischen Geschichten.*

»Reginald, hör mal zu. Musste nicht traurig sein, dein Papa kommt sicher gleich. Wird ja wohl unseren Zettel finden. Aber ich habe noch zu tun. Watt meinste, du kannst doch lesen? Du setzt dich jetzt rüber und liest da ein bisschen. Komma mit.«

Unbedingt wollte Reginald seinen Mantel mitnehmen. »Klaut dir schon keiner!«, sagte Anna. Er nahm ihn trotzdem mit. »Von mir aus«, seufzte sie, »wenn es dich denn glücklich macht.«

Sie führte den Jungen in ihr Wohnzimmer. Von da aus ging es in einen weiteren Raum, den Anna als Schlafzimmer eingerichtet hatte. Aus einem Schrank holte sie ein dickes Buch. »Lexikon. Da kannze drin lesen und wat lernen. Ich muss jetzt Essen vorbereiten.«

***

Schweeders kamen zurück und brachten ein Huhn mit. »Von meiner Cousine«, sagte Frau Schweeder. »Das reicht für uns alle. Ich würd's auch kochen, ich habe morgen einen freien Vormittag.«

Das gefiel Anna und sie legte das noch zu rupfende Tier in den Kühlschrank. Schnupperte, verzog angewidert das Gesicht, fand Fräulein Schemmels Bauchfleisch, das an Geruch erheblich zugenommen hatte, trug es vor sich her und eilte damit die Treppe runter, nach draußen, in den Hof, zum Mülleimer.

Wieder zurück in der Küche wartete Frau Schweeder mit neugierig glänzendem Gesicht. Anna erzählte die Sache mit dem Fleisch und die Sache mit dem Jungen.

»Komisch, so, wie Sie den Mann beschreiben, also, so einer stand eben, als wir zurückkamen, auf der anderen Straßenseite und guckte auf unser Haus rüber.«

Sofort schaute Anna nach. »Am besten seh ich das von meinem Wohnzimmerfenster aus. Momentchen.«

Anna ging hinüber. Öffnete die Tür zu ihren Räumen. Schaute verdutzt. *Wo steckt denn Reginald? Vielleicht ist er auffen Klo. Und wo ist sein Mantel?* Anna schob die Gardine zur Seite und guckte nach draußen. Niemand, der sie an Herrn Sprickler erinnerte. Aber sie hörte etwas. Ein Rascheln in ihrem Schlafzimmer. *Der Junge? Und was macht der da?* Instinktiv schob Anna sich hinter die gestreifte Übergardine. Und wartete. Wieder erwischte sie das Misstrauen von heute Vormittag, das sie beiseitegeschoben hatte, aber das deshalb nicht verschwunden war.

Die Tür schob sich auf. Immer weiter. Anna wartete auf das Quietschen, das ihre Schlafzimmertür machte, wenn sie dreiviertelweit geöffnet wurde. Und da war es. Ein helles, langgezogenes Quietschen. Der Junge. Im Mantel. Plötzlich sah das Kerlchen voller aus. Und da entdeckte es Anna schon: Oben, aus dem Mantel, guckte eine Tüte hervor. Und die kannte Anna. Darin befanden sich die Reservezigaretten. *Ist ja ein ganz Doller. Den fang ich mir gleich.*

Reginald musste sich ziemlich sicher fühlen. Griff in die Manteltasche, zog ein dünnes rotes Büchlein heraus, klappte es auf und buchstabierte lautlos eine Zahl. Anna flüsterte: »Zweitausendeinhundert.« Es war ihr Sparbuch und genau diese Summe darauf.

Flink ging Reginald zur Tür, die auf den Flur führte, blickte sich nicht um, und merkte nicht, dass Anna hinter ihm war. Aus der Küche war Reden und ein Lachen zu hören. Anna beobachtete, wie der Junge sich duckte, an der Wand entlangschlich und zur Korridortür eilte. Als er sie öffnete, packte Anna zu. Zog ihn am Kragen hoch und flüsterte eindringlich: »Hätte ich mir ja denken können, nun komm mal mit. Du kannst mir mal zeigen, was du alles geklaut hast. – Herr Schweeder?«, rief sie laut nach ihrem Nachbarn.

Der Mann eilte herbei. »Halten Se mal dat Jüngelchen fest, ich muss draußen was nachsehen. Bloß nicht loslassen!«

Anna rannte auf die Straße. Entdeckte Reginalds Vater nicht. Rannte zurück. Keuchte, musste einen Moment auf dem Treppenabsatz stehen bleiben. Aus dem Keller kam jemand hoch. Angriffslustig ballte sie die Fäuste. Was anderes hatte sie gerade nicht zur Verfügung. Aber - nur das Fräulein Schemmel. Auch das noch. Böse blitzte sie die Lehrerin an, rannte nach oben und knallte vor dem empörten Fräulein die Tür zu.

»Unverschämtheit!«, keifte die Ausgeschlossene.

»Freches Bürschchen, wer ist das überhaupt?«, rief ihr Herr Schweeder aus der Küche entgegen.

»Gebissen hat er meinen Mann«, ergänzte Frau Schweeder.

»Reginald, wenn du zickst, binde ich dich fest. Verstanden? Und bevor ich die Polizei rufe, sagst du mir deinen richtigen Namen. Warum machst du das? Gehst mit zu mir, machst den Muckschen und dann klauste bei mir? Gib mir mein Sparbuch wieder.«

Der Junge knallte es auf den Boden.

»Die Zigaretten!«

Sie flogen hinterher.

»Taugen nichts, die sind ja krumm«, murmelte er und sah starr geradeaus.

»Was haste noch?«

»Nichts.«

»Glaub ich kein Wort von. Zieh den Mantel aus.«

Er schüttelte den Kopf.

»Wird's bald?«

Anna zerrte ihm das Kleidungsstück herunter. Durchsuchte das Innenfutter, die Taschen, suchte nach doppelten Nähten. Aber sie fand nichts. Dafür entdeckte sie etwas anderes. Und als sie das sah, bat sie die Schweeders, sie jetzt mit dem Jungen allein zu lassen. »Wenn ich Ihre Hilfe brauche, rufe ich!«

***

Der Junge hatte sich eingenässt. Also hatte er Angst. Was ja bei einem ungefähr Achtjährigen nachvollziehbar war. Obwohl, Anna hatte in Hamburg ganz andere Jungen gesehen. Die machten sich nicht in die Hosen, wenn sie erwischt wurden. Da am Hafen und hinter dem Bahnhof.

»Warum klauste?«

Er zuckte mit den Schultern.

»Und der Mann ist gar nicht dein Vater?«, fragte sie hellsichtig.

Er schüttelte den Kopf.

»Und ihr habt gemeint, die Frau kann man mal eben so behumpsen? Wer ist der Mann?«

»Onkel Hebbert.«

»Soso. Ich bring dich jetzt ins Bad, kriegste von mir ne Unterbuxe. Die lange ist hinten bissken durchgefeuchtet. Wenn du den Mantel anziehst, sieht man's nicht.«

»Nein«, sagte der Junge entschieden. »Ich zieh doch keine Unterhose von Ihnen an. Ist ja eine für Mädchen!«

»Dann nicht. Mantel anziehen. Wir gehen.«

Sie hielt ihn fest an der Hand. Am Ende der Schloßstraße sagte Anna: »Sag mir jetzt Onkel Hebberts Nachnamen. Und lüch nicht!«

»Tschentscher.«

»Stimmt das?«

Er nickte. Zweimal.

»So. Egal, wie du heißt. Ich sach jetzt weiter Reginald zu dir. Habe ich mir schon gedacht, denn so heißt in Mülheim kein Junge. Also Herbert Tschentscher. Stimmt so?«

»Ja.«

Sie gingen weiter und standen nach kurzer Zeit vor dem Polizeipräsidium.

»Weißte, wo wir sind?«

Seine Augenlider flatterten.

»Die Zellen sind klein da drin. Stinken tun sie auch. Ich weiß nicht, ob Kinder da was zu essen bekommen.« Anna ließ Reginalds Hand los. Er guckte zu dem Gebäude, guckte zu Anna. Sein Blick war wütend, aufmüpfig und doch lag in seiner Haltung Hilflosigkeit.

»Onkel Hebbert wohnt wo?«

»Da an der Kirche.«

»Meinste die in Styrum? Marienstraße?«

Er nickte.

»Wehe, du hast mich jetzt angelogen. Und nun – hau ab! Renn nach Hause ...«

Wie ein Blitz war er weg.

Anna Puff betrat das Polizeipräsidium.

***

Zwei Tage später wurde Herbert Tschentscher in der Styrumer Marienstraße festgenommen. Es gab so einiges, was ihm angelastet wurde. Und der Junge, der nicht Reginald hieß, sondern Wolfgang Beyer, den hatte der Onkel für seine Zwecke benutzt, fast schon abgerichtet. Aber das ist eine andere Geschichte.

***

An jenem Abend kam Heinz Lennewegs spät zurück. Die meisten Zigaretten hatte er tatsächlich verkauft, wenn auch zu einem niedrigeren Preis als gedacht. Aber er brachte eine neue Idee mit. Und während er sie Anna vortrug, hörten beide, wie das Fräulein Schemmel mit ihrem Stock gegen die Wand klopfte, die Tür öffnete und streng rief: »Frau Puff, wann starb Napoleon?«

Anna kündigte ihr zum nächsten Ersten.

Manchmal aber dachte sie an Wolfgang, den sie innerlich immer noch Reginald nannte. Sie wusste jetzt, an wen er sie erinnerte. An den kleinen Albert aus Hamburg.

Allein deshalb war sie froh, den Jungen laufen gelassen zu haben.

*Monika Detering*

## Der neue Untermieter

*1951*

»Heinz! Du stinkst. Wo biste gewesen? Komm rein. Haste die Bratheringe vonnen Mludek? Bring sie in die Speisekammer. Mannomann, tut mir das Kreuz weh.« Die Frau setzte sich eine halbe Minute lang auf einen Stuhl, den letzten neu ergatterten, stöhnte und schwang dann behände ihre einsachtundfünfzig wieder hoch. »Und Sie – sind wer?«

»Poggel, Alfred Poggel. Ich möchte das Zimmer.«

»Dat haben Se ja noch gar nicht gesehen. Und – woher wissen Sie davon?« Ihr Blick war listig. »Haben Sie sich die Schuhe auf der Matte abgeputzt?«

Er nickte. »Hinter solch schöner Tür ist auch ein schönes Zimmer. Woher? Nun ja.«

»Nun schmieren Se mir man keinen Honig um dat Maul. Dat zieht nicht. Hausflur und Treppenhaus haben im Krieg was abgekommen. Aber da kenne ich anderes. Die Risse werden Se sicher beim Hochgehen gesehen haben. Ich geh denn mal vor.«

Die Frau mit dem hochgesteckten braunen Haar im Nacken zeigte unbestimmt geradeaus: »Dat ist der Flur.«

Alfred sah erst die potentielle neue Vermieterin an, beobachtete ihre schnellen Fingerbewegungen, entdeckte, dass die Hände außerordentlich gepflegt waren. Dachte, *gute Frau, das sehe ich auch. Ein Flur, was sonst? Und vorstellen könnte die Dame sich auch.*

Vor der zweiten Tür rechts blieb sie stehen, drückte die messingfarbene, schmale Klinke hinunter und öffnete: »Bitte schön. Gehen Sie rein, da ist keiner, der beißt.«

Alfred unterdrückte ein Gähnen. Ihm war alles egal, er brauchte dringend was zum Wohnen, aus dem letzten Zimmer hatte man ihn rausgekündigt, wegen Eigenbedarf, weil dort der Mann aus der Kriegsgefangenschaft zurückgekommen war. Was aber auch nicht so schlecht war, denn gegen die Avancen der Frau hatte er sich kaum noch zur Wehr setzen können. Die war zuletzt nur noch nervig, hatte Nachholbedarf, den er nicht befriedigen wollte. Er schaute die kleine Dicke, die sich neben der Tür aufgestellt hatte, noch einmal an. Ob er bei ihr in die gleiche Bredouille kommen würde? *Quatsch*, wies er sich zurecht. Dann schaute er ins Zimmer. Sah Parkett, richtiges Parkett, so etwas hatte er zuletzt vor dem Krieg gesehen. Einen Kohleofen mit silbernem Rohr, eine leere, verbeulte Kohlenschütte und ein neu glänzendes Blech davor. Drei große gardinenfreie Fenster – von hier aus konnte er auf das Broicher Ruhrufer blicken. Auf Schornsteine, die in den Himmel ragten, auf das graue Grün der Büsche und zerstörte Häuser. *Fast überall das Gleiche, dachte er. Geh ich doch lieber im Rumbachtal spazieren ...*

Ein Nähkorb stand auf dem Fußboden. Er schob ihn mit dem Fuß zur Seite.

Dort, wo das Licht nicht hinkam, war unter der Decke eine Schiene angedübelt, und daran hing ein schwerer, dunkelbrauner Vorhang.

»Dahinter können Se schlafen. Da brauchen Se ja nichts sehen.«

Er schob den Stoff zur Seite, roch vorsichtig daran, Zigarre, Staub und tausend Jahre. In dieser abgeteilten Nische waren Licht und auch das Parkett am Ende. Fast wäre er über loses ausgelegtes Balatum gestolpert. Aber er hütete sich, etwas zu sagen. Denn alles sah sehr sauber aus. Er drehte sich um und stieß mit der Frau zusammen.

»Na?« Die Frau sah ihn lauernd an.

»Fein.« Alfred war keiner, der lange Sätze sprach.

»Großartig, nicht wahr? So was gibt's kaum noch. Dann zeige ich Ihnen jetzt die Küche.«

Er ging hinter ihr her und sah wohlgeformte Waden. *Nicht übel. Eine Wirtin fürs Auge, und so ungefährlich ist die nicht.*

»Merken Se sich, fünfte Tür rechts – Küche. Muss ich ja wohl nicht dranschreiben.«

»Müssen Sie nicht.«

Schon standen sie in dem Raum, Kochmaschine und auch jenen Heinz von eben inbegriffen. Riesentisch mit Wachstuchdecke. Zwei Büfettschränke, Stühle und immer noch genügend Platz. Auf der Fensterbank mickerte ein Alpenveilchen. Daneben stand ein Unterteller mit einer abgebrannten Kerze. Poggel ging zwei Schritte in den Raum und betrachtete die Einrichtung. An der Seite des einen Küchenbüfetts klebte noch ein Preisschild: »Mattierte Birke, 520 D-Mark«. *Kann die sich so teure Möbel leisten? Verdiene ich ja kaum im Monat.*

Auf der Büfettablage lagen noch einige Stücke Kalte Schnauze. Alfred lief beim Anblick des Schichtkuchens das Wasser im Mund zusammen. Die weiß emaillierte Kochmaschine gab Wärme ab. Auf den Herdringen stand ein Topf. Es roch nach Erbseneintopf. Daneben standen ein Wasserkessel und eine Kanne. Der Duft von Kaffee mischte sich in den Eintopf.

»Einen Kühlschrank gibt's auch, gehn Se da bloß vorsichtig mit um. Der ist neu. Wenn wir einig werden und uns vertragen, dürfen Se nach Absprache selbst was auf meinem guten Herd kochen. Einen neuen gibt's bei mir noch nicht. Und kein Gefummel am Ofenrohr. Das hält jetzt. Vorher kamen immer mal Flammen raus. Seien Se sparsam mit den Kohlen, ich nehm lieber Briketts, die halten länger. Kann sein, dass die Kohle bald wieder teurer wird. Nicht wahr, Heinz?«

Der bisher stumme Mann stand da, nach vorn gebeugt, als würde sein Rückgrat ihn nicht halten können, und sah nicht aus, als ob er auch nur ein winziges Spiegelei zustande bringen würde. Dieser Heinz grinste schief und zwinkerte Alfred zu. Der solches zu vertraulich fand. Dieser Mensch war ein Hungergesicht und erinnerte ihn an einen besonders erfolgreichen Schieber vom Gelsenkirchener Schwarzmarkt – dort, wo er selbst immer das Falsche ergattert hatte. Unangenehm vertraulich wirkte er trotz des dünnen Firnisses Aufrichtigkeit im Gesicht.

»Aber danach aufräumen. So was vergessen Männer immer. Immer!«, redete die Frau in seine Gedanken und stampfte nachdrücklich mit dem linken Fuß auf.

Er nickte. Und stellte für sich fest, *eigentlich haben kleine Dicke kleine Füße. Aber die hat ziemlich große und falsches Schuhwerk – so, wie die Absätze schiefgetreten sind ...*

»Also, gefällt's? Was machen Sie beruflich, ich meine, einen ohne Arbeit, den nehme ich nicht. Das hatte ich schon. Letztens einen vonner Saarner Kirmes. Hat mir sonst was erzählt und mir zehn Freifahrten im allerneuesten Karussell versprochen. Nix war. Also, mein Herr, lügen Se mich nicht an.« Sie zog ihr geblümtes, kunstseidenes Kleid glatt. In der Mitte hielt ein schmaler, kunstseidenbezogener Stoffgürtel die pralle Fülle zusammen.

Daraufhin zupfte Alfred sein Jackett glatt.

»Beamter«, sagte er. »Bei der Polizei.« Dann nach einer kurzen Pause: »Ledig und noch nicht fünfzig.«

Die etwas eng zusammenstehenden, warmbraunen Augen der Frau musterten ihn flink, abschätzend, gingen an ihm rauf und runter wie eine hungrige Maus. »Polizei im Haus, hatte ich noch nie. Warum nicht? Ja nun. – Die Miete«, da stockte sie, schien zu rechnen, »acht Mark und fünfundsiebzig Pfennige pro Woche, mit Küchenbenutzung nach Anmeldung und das Bad. Danach haben Se ja noch gar nicht gefragt. Ist so einem Feinen wie Sie wohl peinlich?«

Alfred beobachtete, wie dieser Heinz jetzt überheblich grinste und im Nebenraum verschwand.

»Meine Abstellkammer. Ich weiß schon, was er da macht. Knibbelt am Brathering, ist immer so hungrig, der Mann.«

Bei »Brathering« zog sich dem Polizisten der Magen hungrig zusammen. Er schluckte. »Und dazu machen Sie sicher Bratkartoffeln ...«

»Mit Zwiebeln oder Schmalz. Und, wenn ich's kriegen kann, mit frischem Speck.«

Wieder schluckte er und bewunderte eine Minute später das Badezimmer, die Badewanne, sah die Wäscheleine darüber mit tropfenden Perlonstrümpfen, das Klo mit dem Holzdeckel, Zeitungsschnittpapier an einem Haken, den Gasboiler und freute sich schon jetzt auf ein heißes, ausgiebiges Bad mit gehobelter Kernseife. *Wann habe ich so etwas zuletzt gehabt?*

»Abgemacht«, sagte er jetzt mit autoritärer Amtsstimme, »ich ziehe morgen ein. Achtfünfundsiebzig die Woche und ein Jahr lang erhöhen Sie nicht.«

Die Frau riss den Mund auf, die Augen, hielt ihm die Hand hin: »Gut. Ich bin Anna Puff, verwitwet, ich putze Ihr Zimmer – ist bei all meinen Mietern Usus –, macht einen Zuschlag pro Woche von sechzig Pfennigen. Besser kriegen Sie es nicht, nicht mit der Aussicht und so angenehmen Mitbewohnern. Sie haben Leute, die Ihnen beim Möbeltransport helfen? Ich kann nicht tragen. Mein Kreuz ... Keinen Dreck machen, darum bitte ich, der Kohlenkeller – den zeige ich noch, und wenn Sie die Kohlen hochholen, denken Sie daran, für mich immer eine Schütte mitbringen. Und keine Glut vor dem Kanonenofen in Ihrem Zimmer verstreuen! Nicht zu voll mit Briketts stopfen. Dann zieht der nicht richtig. Ach ja, einen kleinen Verschlag kriegen Sie auch noch. Ist das nichts?«

Wieder nickte Alfred und dachte über das Putzgeld nach. *Die Frau ist raffig. Aber ich brauche das Zimmer. Jetzt.*

»Nazi?«, fragte sie. »Waren Sie in der Partei?«

»Nein.«

»Sagen die meisten. Keiner war drin. Sagen, dass sie nie was gehört und gesehen haben.«

»Nein«, bestätigte Alfred noch einmal. Mehr ging diese Frau nun wirklich nichts an.

»Als Beamter haben Sie ja ein geregeltes Einkommen. Ich hätte dann mal vorab die Miete für eine Woche, ab heute – von Dienstag zu Dienstag. Mein Putzgeld rechnen wir zum Monatsende ab.«

Er ließ es sich quittieren. Beobachtete, wie Anna Puff Betrag, Datum und Namen in ihr Mietbuch schrieb.

»Unten im Hausflur«, begann er, »habe ich Koffer, Kartons und so einiges stehen. Ich hab's schon zusammen mit einem Kollegen im Dienstwagen gebracht. Ich kann die Sachen gleich bei Ihnen deponieren?«

»Heinz, kommst du mal? Hilf dem Herrn Oberpolizisten damit.«

Als beim dritten Gang Heinz mit einer wackeligen Stehlampe kam und Alfred Poggel einen seilverschnürten Karton raufschleppte, schüttelte Anna Puff den Kopf und starrte mit neugierigem Blick darauf.

»Schreibmaschine!« Er tippte auf den Karton. »Telefon? Haben Sie ein Telefon?«

»Da hinten, an der Wand. Neben meinen Räumen. Aber nicht, dass Sie täglich telefonieren wollen und ich alles Mögliche über Mord und sonst was in Mülheim höre. Tote, ja, die haben wir genug gehabt. Mein Hugo ist auch gefallen. Und Heinz besitzt ebenso eine Schreibmaschine, aber die steht nicht hier, Heinz wohnt woanders ...«

Heinz stellte sich neben sie. »Hugo war Frau Puffs Mann.« Alfred hätte eine so tiefe Stimme bei diesem ausgemergelt wirkenden Mann nicht erwartet. Jetzt seufzte Heinz schwer, fast schon theatralisch, und streichelte Anna Puffs Hand. Da stahl sich ein weicher Ausdruck in ihr breites Gesicht.

»Dann will ich mal. Muss arbeiten. Gibt reichlich zu tun«, rang sich Alfred die vielen Sätze ab. »Morgen Abend komme ich mit dem Rest.«

»Ich habe Hunger, Anna. Die Heringe ...«, nörgelte Heinz.

»Schäl die Kartoffeln, Schätzken. – Wiedersehen, Herr ...«

»Poggel«, ergänzte Alfred.

»Sicher. Morgen stell ich Ihnen die anderen Mitbewohner vor. Und natürlich – das gilt auch für Sie – abends ab acht kein Licht mehr anmachen. Wegen der vom Erhard verordneten täglichen zwei Sperrstunden. Nehmen Se Kerzen. Kann ich Ihnen verkaufen. Und keine Damenbesuche nach zweiundzwanzig Uhr. Mir macht's nichts, wenn Ihre Freundin bis elf bliebe, aber unsere Diakonisse, also eine ehemalige, die Schwester Anita, kennt so was nicht, die wollen wir doch nicht erschrecken.«

Der Polizist dachte an anderes. Heute Nacht würde er zur Feier des Tages mit der Bahn nach Styrum fahren. Zu Thekla. Bei ihr brauchte er nicht viel reden. Manchmal auch gar nicht. Und Thekla, die würde nie im Leben in diese feudale Broicher Etagenwohnung kommen. Die nicht. Die empfing in ihrer Wohnung.

Schließlich musste jeder und jede auf seine und ihre Weise sehen, wie man in diesen Jahren nach dem Krieg über die Runden kam.

*Monika Detering & Horst-Dieter Radke*

## Anruf vom Staatsanwalt

*Oktober 1951*

»Schnittger«, brüllte Alfred. Wenig später sprang die Tür auf und Jürgen Schnittger stand im Rahmen, bemüht das Hemd in die Hose zu stopfen. »Was gibbet, Chef?«

»Komm rein, mach die Tür zu und deinen Hosenstall auch«, sagte Alfred nun schon wieder etwas ruhiger.

»Wo ist der Koslowski?«

»Der Koslowski? Na, den mussten wir doch laufen lassen?«

»Wer sagt das?«

»Der Staatsanwalt!«

»Welcher? Der Goeke ist weg, ein neuer ist noch nicht da.«

»Ebend. Vorhin kam ein Anruf aus Essen. Dass wir den Koslowski laufen lassen sollen, weil die Beweise nich reichen.«

»Hasse sie eigentlich noch alle?« brüllte Alfred. Er holte tief Luft, atmete aus, wieder ein, noch mal aus. Drohend zeigte er auf den Stuhl und Jürgen Schnittker, blass geworden, setzte sich.

»Chef, du weißt doch, wie das ist. Wenn so einer von oben unsereins wat sacht ... wat sollen wir denn machen? Soll ich sagen: ‚Herr Staatsanwalt, das tue ich nicht. Wir wissen mit Sicherheit, dass der Koslowski seiner Frau mitt'n Pittermesser die Kehle durchgeschnitten hat. Fingerabdrücke und so weiter, alles da.' Soll ich dat sagen? Und mich dann anschnauzen lassen, dat ich dienstlichen Anordnungen ...«

»Jürgen«, sagte Alfred ganz ruhig. »Wer hat dir dienstliche Anweisungen zu geben.«

»Na du ... und der Staatsanwalt.«

»Welcher Staatsanwalt?«

Schnittker schwieg.

»Es gibt noch keinen neuen Staatsanwalt für Mülheim«, dozierte Alfred. »Die Staatsanwaltschaft Essen springt so lange ein, das ist richtig. Aber glaubst du, die rufen hier so einfach die Putzfrau an und sagen, lasst mal eure Untersuchungsgefangenen laufen?«

»Ich bin keine Putzfrau«, begehrte Schnittker auf.

»Noch nicht, aber das wirst du bald sein, wenn du so weitermachst.«

Jürgen Schnittker rutschte nervös auf seinem Stuhl herum.

»Da werde ich angerufen, oder der Polizeichef, aber doch nicht so ein einfacher Kripobeamter wie du oder die Stankowski.«

Schnittker ließ den Kopf hängen.

»Wer soll aber sonst angerufen haben?«

»Ja, das wüsste ich auch gerne«, sagte Alfred.

Das Telefon mischte sich mit seinem penetranten Klingelton in das Gespräch. Alfred nahm ab.

»Poggel?«

»...«

»Wo sind Sie? ... Beim Metzger? Was ... Ach, wegen dem Telefon ... Der Koslowski trifft sich ... bleiben Sie an Ort und Stelle, wir kommen ... warten Sie, welche Straße? ... Wir sind gleich da.«

Alfred sprang auf, Schnittker hob den Kopf.

»Los, los Schnittker, sind sie angewachsen? Ihre Kollegin ist dem Koslowski gefolgt, die ist etwas heller als ich dachte. Die hat dem Anruf nicht getraut. Möchte wetten, die hat auch gesagt, dass sie das nicht machen sollen.«

Schnittker sprang auf und griff zu seiner Jacke, die am Haken neben der Tür hing. Dann rannte er seinem Chef hinterher.

***

»Willi, zwei Bier.«

Alfred saß mit Rosemarie Stankowski in seiner Stammkneipe.

»Jetzt erzählen Sie mal genau, was eigentlich alles passiert ist.«

»Nun, als der Anruf kam, dass wir den Koslowski freilassen sollen, sofort, sonst würden wir alle Ärger kriegen, ist der Jürgen gleich losgerannt, weil der wirklich Angst hatte, dass es ein Disziplinarverfahren gibt, wenn er nur um Minuten verzögert."

Willi stellte die beiden Biere ab.

»Und ihr habt euch keinen Augenblick gefragt, ob das so in Ordnung ist?«

»Ich bin noch hinterher und hab Jürgen gesagt, er solle warten, bis Sie wieder da sind, Chef. Aber der hatte wirklich die Hosen voll.«

Alfred schüttelte den Kopf.

»Na und dann habe ich meine Ziviljacke geschnappt – und bin dem Koslowski nach. Zuerst ist der im Zickzack gelaufen, mal hier hin, mal dort hin. Ich habe immer Abstand gehalten und Deckung gesucht. Als er glaubte, dass ihm niemand folgte, ist er zur Kaiserstraße und hat gewartet, na etwa da, wo vor dem Krieg der Juppke war, der Zigarrenladen. Ich bin dann zum Metzger rein, weil ich wusste, dass der ein Telefon hat und habe Sie angerufen.«

»Gut gemacht, Stankowski. Hätte ich Ihnen nicht ...«. Alfred hustete. »Das wird noch Lob von anderer Stelle geben. Insbesondere weil wir es geschafft haben, beide zu verhaften. Den Koslowski und den Pless. Prost.«

Beide hoben das Glas. Alfred trank es leer, Rosemarie nur halb.

»Und ich möchte wetten«, sagte Alfred, nachdem er sich den Schaum von der Oberlippe gewischt hatte, »dass Pless der Anrufer war, der angebliche Staatsanwalt aus Essen. Wenn das Schnittker nicht den Kopf kostet.«

»Chef, das lassen Sie nicht zu. Der Jürgen ist in Ordnung. Wer weiß, was der für einen Tag hatte.«

»Na, die Tage habt ja wohl ihr Frauen«, sagte Alfred, lachte und winkte Willi, mit dem Biernachschub rüberzumachen.

»Der Kopf wird dranbleiben, aber gewaschen gehört der, und zwar ordentlich.«

Rosemarie griff erleichtert zu ihrem Bierglas.

»Ne richtige Köpenickiade war das«, sagte er und kicherte. »Einfach anzurufen und zu sagen, man sei der Staatsanwalt. Aber wir sind hier nicht in Köpenick, wir sind in Mülheim und da fällt man höchstens mal kurz, aber auf keinen Fall lange drauf rein.«

»Prost« sagte er wieder und hob sein zweites Glas an die Lippen. Es sollte an diesem Abend nicht sein letztes sein.

*Horst-Dieter Radke*

## Ich weiß nich, wat soll dat bedeuten …

*Sommer 1952*

Der Wind hob den weiten Rock, ließ ihn wieder fallen, presste ihn gegen ihre Beine, die auf diese Weise prächtig zur Geltung kamen. Anna Puff war nicht gerade eine schlanke Person – da hatten auch die entbehrungsreichen Jahre nach dem Krieg nicht lange mitspielen können –, aber ihre Beine zeigten Ruhrpott-Klasse. Wohlgeformt und nicht spillerig. Darüber trug sie einen lockeren Pullover mit V-Ausschnitt und eine Windjacke. Sie hatte sich vorgenommen, in St. Goar nach einer langen Hose zu gucken, solch einer mit dem kleinen Schlitz am Knöchel. Neues konnte sie sich leisten, denn sie war zur Erbin aufgestiegen. Zweitausendsiebenhundertfünfzig Deutsche Mark – für sie ein Vermögen. Onkel Willi aus Bonn, den sie kaum gekannt hatte, bedachte sie damit in seinem Testament. Schon als Kind wollte sie mit einem Schiff über den Rhein, die Loreley sehen, von der ihre Mutter einst mit Ach- und Wehgeseufze beim Bügeln gesungen hatte. Jetzt war es so weit. Sie genoss diese Sonderfahrt mit Coca-Cola, Heißwürstchen und Kartoffelsalat ebenso wie den Blick auf den Rhein, das vorbeigleitende bergige Ufer und die zahlreichen Burgen auf den Höhen. Gleich würden sie in St. Goar anlegen, diese berühmte Nixe bestaunen und mit der Stadtbahn zur Burg Rheinfels hinauffahren. Die Reisegruppe, zu der sie gehörte, schunkelte und sang. Ziemlich laut.

Das Dampfschiff Mainz der »Köln-Düsseldorfer Rheindampfschifffahrt« fuhr in die Schleife um die Loreley – über den Lautsprecher wurde darauf hingewiesen. Anna stand an der Reling. Sie blickte nicht zur Seite, als sich jemand neben sie stellte. Diese Person begann zu pfeifen, und die Melodie kannte sie gut. Das Pfeifen wechselte in einen Gesang über. »Ich weeß nit wat soll dat bedeuten, dat ich so truurig bin …«

Da stach Anna der Hafer. Sie ergänzte: »Ne Schote vertell ich euch Leutken, die kommt mir grad in den Sinn. Der Abend waa schubbig und trocken, am Rhein waa unten nix los, ich süppelte grade en Schoppen, und der Lorenz pillerte bloß.«

Anna blickte rüber und grinste. Überlegte, ob dieser Sänger mit der auffallenden Kopfbedeckung auch zu der Reisegruppe gehörte. Ihr war der bis jetzt nicht aufgefallen. Vielleicht lag es daran, dass er etwas kurz geraten war, denn einssiebzig sind für einen Mann nicht viel. Mit dem hellen Jackett, der hellen Hose und der Kreissäge wirkte er wie den 30er-Jahren entsprungen. Aber ihr gefiel es. Er lüftete höflich den Strohhut und verbeugte sich zackig. »Jestatten, die Dame, Alfons Hülsekötter, Versicherungen auf Tod und Leben.« Er strich über seinen Schnäuzer und blickte sie erwartungsvoll an.

Eigentlich mochte Anna keine Schnäuzer, Schnurrbärte, Wolliges in einem Männergesicht. In diesen Gesichtsgewächsen blieb zu gern irgendetwas hängen. Eikrümel. Marmelade. Schnodder. So etwas.

»Tod und Leben. Dazu die Lorelei pfeifen und singen.« Anna lachte.

Auch Alfons Hülsekötter lachte: »Dat kam mir, als ich so neben Ihnen stand. Ihr ausgefallener Gesang hörte sich nach Essen oder Bottrop an.«

»Mülheim-Ruhr.«

»Auch gut. Ich dachte, als ich Sie entdeckte, dat is ‘n lecker Dämchen, bestimmt besser als jedes Fischfrollein, auch wenn se Loreley heißt.«

»Wie meinen Se denn dat?«

»Na, so eine Fischmaid flutscht einem ja doch aus den Händen. Sozusagen.«

»Sie sind ja einer. Sie haben mich doch nicht in Ihren Fingern.«

»Gönnen Sie sich mit Ihrem Gatten den Rhein?«

»Letzteren gönn ich mir alleine. Und das mit großem Vergnügen.««

»Dann haben Se aber ordentlich …« Hülsekötter rieb Daumen und Zeigefinger gegeneinander.

»Ich habe nix ordentlich, ich hab ein bisschen geerbt.« Das Schiff, das Singen, das letzte Kölsch und die Fahrt machten sie leichtsinnig. Normalerweise hätte sie so etwas Persönliches nie erzählt.

»Dann gratulier ich aber recht herzlich.« Seine weiteren Worte gingen unter, jetzt sangen die Lautsprecher. »Ich weiß nicht, was soll es bedeuten …« Die Mitreisenden fielen schmetternd, schmalzend, gickelnd ein: »… dass ich so traurig bin. Ein Märchen …« Herr Hülsekötter sah Anna an, nickte, und dann schmetterten sie, als die letzte Strophe angestimmt wurde, das Lied auf ihre dialektgefärbte Weise. Hülsekötter auf Kölsch und Anna auf ruhrpottisch, was sich so anhörte: »Der Tüpp und sein Kahn gehen unter, de Riffkes haunse zu Brei. Und eingestielt hat dat munter, auf ihrn Huckel de Lorelei.«

Hülsekötter lachte.

Anna lachte auch. *Humor hat er ja.*

In ihr Gelächter dröhnte aus dem Lautsprecher der Kapitän, sagte, dass sie gleich anlegen würden und der restliche Tag samt der Übernachtung in den »St. Goarer Höhen« sowie im »Loreleyzopf« nun der Gruppe gehörte. Dazu Uhrzeiten und all die Dinge, die wichtig waren und die die meisten gleich wieder vergaßen.

»Darf ich Ihnen das Gepäck tragen und Sie zu einer Tasse Kaffee einladen, wenn das Schiff in St. Goar angelegt hat?« Seine blauen Augen strahlten mit dem Blau des Rheins um die Wette.

»Gepäck kann ich selbst, dat ist man nur soon bissken. Aber zu einem Kaffee sag ich nicht nein.«

***

Am Hafen ging Hülsekötter zielstrebig auf ein Lokal mit Außengastronomie zu. Er rief: »Kommen Sie, ist sonst gleich alles besetzt.«

Stühle vorziehen, setzen, Gepäck abstellen. Hülsekötter winkte nach einem Blick auf die Karte dem Kellner.

»Ich zahle selbst«, erklärte Anna. Das hatte sie sich gerade überlegt.

»Moderne Frau? Dat gefällt. In der Zwischenzeit können Sie ...«, er öffnete flink seine Aktentasche und zog einen Packen Papier hervor. »Sehen Sie ...«

»Ich möchte jetzt nicht«, sagte Anna und blickte an Hülsekötter vorbei auf den Rhein und dann wieder hinauf zur Ruine der Burg Rheinfels. *Ich dachte, die hätten die endlich neu gemacht. Ruinen habe ich genuch im Blick, wenn ich dabei nur an Mülheim denke.*

»Ich möchte den Ausblick genießen. Und dann aufs Zimmer. Sie verstehen doch, dass ich jetzt nicht über Versicherungen nachdenke, noch sie angucke oder gar unterschreibe.«

»Aber ...«, wandte Hülsekötter ein.

»Ich leb ja noch.«

»Ist auch wieder wahr.« Hülsekötter war es recht, dass Anna ihren Kaffee selbst zahlte. Wer regelmäßig Spesen sparte, so hatte er ausgerechnet, würde in ein paar Jahren ein schönes Sümmchen zur Seite gelegt haben. Deshalb hatte er auch nicht geheiratet – dieses aufwendige Verfahren war ihm zu teuer. Was er von manch gut situierten Damen wollte, konnte er auch so haben. Dieses Spiel erheiterte sein Vertreterleben, schärfte seinen Blick für Menschen, und manch Deutsche Mark war bisher dabei für ihn abgefallen.

Er zwinkerte Anna zu. »Hübscher Pullover, den Sie da tragen«, und starrte auf ihr Dekolleté. »Sarjen Se, ist soon fein Dämchen wie Sie eigentlich auch wirklich rundum versichert? Versichert für dieses Leben, bis dat dä Tod kommt?« Ein Abschluss musste hier drin sein.

»Ich bin die Frau Puff und kein Dämchen, was immer Sie auch drunter verstehen.« Wenn Anna ärgerlich wurde, sprach sie hochdeutsch.

»Mea culpa, mea maxima culpa, liebe Frau Puff, wollt Se doch nicht kränken. Nur Damen sollten nun, wo et allen langsam wieder besser geht, rundum gut versichert sein.«

»Aber doch nicht jetzt, Herr Hülsekötter! Sagte ich eben schon.«

»Kricht man den Nostalgischen bei. Wat lieb ich den Rhein, könnt ihn rauf und runter fahren. Und wenn man gut versichert ist, kann man sogar ins Wasser fallen, auch die Bergung wird bezahlt.«

»Ich kann nicht schwimmen.«

»Macht nix, macht nix. Sie sind in welchem Hotel untergebracht?«

»Loreleyzopf. Ist da vorn.«

Hülsekötter setzte sein gewieftestes Vertretergrinsen ein, erklärte, dass auch er dort wohne, und sie könnten doch ihr Gepäck auf die Zimmer bringen und anschließend zur Burg Rheinfels hinauffahren oder einen Spaziergang machen, oder, oder ... »Und dabei erkläre ich Ihnen die Vorzüge einer Lebensversicherung.«

*Der nervt*, dachte Anna.

***

Nach Anmeldung und dem Besichtigen der geblümten graubraunen Tapeten, der tiefbraunen schweren Möbel samt braunem Bett mit gelblichem Überwurf und Baldachin darüber wollte Anna ihr Zimmer verlassen und St. Goar sehen. Mit Hülsekötter hatte sie nichts abgesprochen. Man würde sich beim Essen sehen. Dat reicht auch. Sonst denkt der, nee, nee ... Hier am Rhein fühlte sie sich sehr viel anders als in Mülheim. Frischer. Jünger. So war auch ihr Blick ein anderer – sofort entdeckte sie ein Lädchen, das ‚Caprihosen für die moderne Dam‘ anbot. Hätte sie in Mülheim noch gezögert, hier ging sie sofort hinein, fragte, ließ sich zeigen, probierte, und nach einer guten halben Stunde hätte niemand sie wiedererkannt. Die Verkäuferin hatte ihr abgeraten, aber so etwas ist für sie ja nur Ansporn. Nun steckte Anna Puff in der angesagten schmalen Linie, im engen Rock, darüber eine weit schwingende Jacke. »Kleine Schritte machen!«, mahnte die Verkäuferin. Und ein Kopftuch trug sie, um den Hals gebunden wie eine Filmschauspielerin, dazu eine Sonnenbrille, auch wenn die Sonne im Begriff war unterzugehen. Ihren alten Rock faltete die Verkäuferin in eine Tragetüte, Anna entschwand und fühlte sich als Dame von Welt samt Weitsicht. Sogleich schlenderte sie durch die Stadt in einer Haltung, als gehöre alles ihr, einschließlich der Loreley, deretwegen sie ja hergekommen war. Sie übersah Zerstörtes, das kannte sie zur Genüge. Dennoch vergaß sie an diesem Nachmittag Mülheim, Alfred, auch die Gablonski. Häuser standen eng nebeneinander gepresst, sie sah Lokale, Weinstuben und Souvenirbuden. Sie kaufte eine Ansichtskarte mit Loreley und der Burg, schrieb sie an Alfred. Bei der Suche nach einem Briefkasten entdeckte sie das Reichspostamt in der Villa Bernhard an der Fähre.

Dann wurde es Zeit. Das gemeinsame Abendessen stand an, so war es gebucht, das wollte sich Anna nicht entgehen lassen. Bezahlt war bezahlt. Bei einigen dauerte es, bis sie sie wiedererkannten. Zu ihrem Bedauern musste sie das Kopftuch ablegen. *Dat sieht ja sonst im Restaurant affich aus*, stellte sie fest.

Die Herren bemühten sich um sie mit Höflichkeiten, die sie gegenüber ihren mitreisenden Gattinnen nicht übrighatten.

Anna war einen engen Rock nicht gewöhnt. Beim Sitzen kniff es ein bisschen im Bündchen. Da war es ihr egal, ob das Abendessen bezahlt war oder nicht. Sie ließ weit über die Hälfte stehen. Und so richtig schmeckte es ihr auch nicht.

»Ich mache noch einen kleinen Stadtrundgang«, verabschiedete sie sich.

Hülsekötter ließ, als er das hörte, seinen Schoppen Wein stehen. »Darf ich Sie begleiten? Schöne Frauen sollte ein Kavalier nicht allein lassen.«

Unterwegs kehrten sie ein. Anna fand sich immer noch großartig und trank dementsprechend mehrere Gläser Wein, sehr süß, leicht süß, halbtrocken – herb und die ganz trockenen ließ sie aus.

Mit viel Rücksicht und mehr Erfahrung im Trinken von Rheinwein führte Hülsekötter Anna zurück zum Hotel, sprach von einem Wiedersehen, der Vergänglichkeit der Jahre, einmal wieder von einer Lebensversicherung, erzählte von seinem Sparbuch, fragte, ob Anna auch eins habe, wischte vor der Tür zu ihrem Zimmer alles Gesagte beiseite und nahm sie in die Arme, wartete nicht auf eine Reaktion ihrerseits. Er küsste sie.

Anna schwindelte es. Vom Wein, der ungewohnten Umgebung, der lange nicht stattgefundenen Umarmung; seit ihrem Heinz hatte sie keinen Mann mehr so nah bei sich gehabt.

Hülsekötter schloss ihre Tür auf, »ich darf doch?«, führte Anna zu ihrem Bett mit dem Baldachin, legte sie behutsam auf das Kissen, setzte sich dazu und lächelte sie an. Er hatte Zeit und holte zwei vorsorglich gekaufte Fläschchen Kupferberg hervor. »Zur Feier der Nacht.«

Anna war noch immer Dame, aber auch in der Damenverkleidung stiegen Wünsche in ihr hoch. So kam es, dass sie sich am frühen Morgen, gegen sechs, in ihrem Bett wiederfand. Nackt. Ihr war, als habe sie sehr Aufregendes geträumt, aber sicher war sie sich nicht. Mit leichter Übelkeit stand sie nach all ihrer Verwunderung auf, ging umher, damit es ihrem Kreislauf besser ging, und entdeckte auf dem Tisch mit den geschwungenen Beinen Papiere. Verdutzt las sie: LV- Tod & Leben, Versicherungssumme 80.000 DM. Las die Worte ‚monatliche Zahlungen', ohne zunächst zu begreifen, was sie bedeuteten. Sah ihre eigene Unterschrift und die von Hülsekötter. Sie erkannte auf einem weiteren Blatt, dass die LV Tod & Leben, vertreten durch Alfons Hülsekötter, Zugriff auf ihr Sparbuch habe, falls sie nicht regelmäßig zahlen könne. ‚Überschreibung' nannte sich das. Quer über den Papieren lag eine Rose.

Jetzt wurde es Anna richtig übel und sie rannte zur Toilette. Als sie wieder herauskam, war ihr etwas weich in den Kniekehlen, aber sie war wieder klar im Kopf.

Sie duschte, zog sich an und packte.

Um sieben Uhr fünfundvierzig wählte sie die Mülheimer Vorwahl samt Alfred Poggels Nummer. Unter Auslassung gewisser nächtlicher Aktivitäten, die sie auch selbst nicht mehr in allen Details erinnerte, erzählte sie, was vorgefallen war. Nach kurzem Überlegen seinerseits gab Alfred Anna genaue Anweisungen, an die sie sich bitte halten solle.

***

Auf dem Schiff, das auf dem Weg nach Bingen war, begrüßte Anna Hülsekötter fröhlich und herzlich, der ob ihrer guten Laune erfreut neben sie trat und seinen Arm um sie legte. Wieder schmeichelte er, wollte Annas Zuhause kennenlernen, wo sie sich doch sicher nun des Öfteren sehen würden. Mit dem Wunsch kam er ungewollt Anna sehr entgegen. Sie blickte in seine blauen Augen, sagte, komm doch heute mit nach Mülheim. In Bingen ist meine Reise zu Ende.

Hülsekötter konnte sein Glück kaum fassen. Dass er bei Frau Puff einen so schnellen Erfolg haben würde, hätte er nie geglaubt.

Am Hauptbahnhof Mülheim war Hülsekötter noch immer von einem lähmenden Erstaunen ergriffen und bestellte weltmännisch – jedenfalls in der Art, wie er es in Köln-Nippes handhabte, in seinem hellen Jackett, der hellen Hose, der Kreissäge – eine Taxe, die ihn und Anna zur Schillerstraße fuhr.

Das war Anna recht. Sie wollte nicht mit Hülsekötter gesehen werden. In Mülheim sah eine Kreissäge befremdlich aus.

Sie fand es interessant, dass ihr Begleiter nicht über die abgeschlossene Lebensversicherung sprach. Sie jedenfalls sagte dazu nichts. Egal, wie schwer es ihr fiel.

Oben, in ihrer schönen großen Etagenwohnung, in der sie seit eh und je untervermietete, staunte Hülsekötter sehr. »Und die gehört dir? Und hast du alles gut verwahrt? Nicht, dass dir einer deiner Mieter mal Geld oder dein Sparbuch ...«

»Keine Sorge.« Sie blickte auf ihre Junghans-Armbanduhr, fand, sie sei gut in der Zeit. »Komm in die Küche, ich mache uns einem guten Kaffee.«

In der Küche war Alfred, er begrüßte Anna herzlich und Hülsekötter eher unterkühlt.

Ehe dieser überlegen konnte, ob das Annas Mann oder ein Mieter sei, zeigte Alfred seine Polizeimarke, sagte etwas über Erschleichung, über den Heiratsschwindler Hüllmann alias Hülsekötter, über einen Anruf bei der Lebensversicherung Tod & Leben, erzählte dem grünlichgrau Gewordenen einen Teil seines Lebens.

Hülsekötter wollte nur noch raus aus der Wohnung. Annas vorgestreckter rechter Fuß war ihm dabei deutlich im Wege und so lernte er ihre Küche in der Horizontalen kennen. Und von unten. Weit über ihm hörte er die Stimme Alfreds: »Wegen Verdunkelungsgefahr, wegen des dringenden Verdachts des Betrugs, Erschleichung der Vorteilsnahme, Heiratsschwindel und Weiterem nehme ich Sie fest.« Alfred zog die Arme Hülsenkötters in eine günstige Position. Dann schob er die Handschellen über dessen Hände.

***

»Sehr gut, dass Sie mich angerufen haben«, sagte am späten Abend Alfred zu Anna und trank ein gut gekühltes Bier. Anna nippte am Kamillentee.

»Und – ist die Loreley wirklich so aufregend?«

»Ich habe sie nicht getroffen.«

*Monika Detering & Horst-Dieter Radke*

## Neuharlingersiel

*Sommer 1952*

Das Rauschen der Wellen war ihm vertraut, obwohl es nur die Nordsee war. Er schloss die Augen – das Bild des Atlantiks baute sich in ihm auf. Die zwei Fahrten, die er als Leichtmatrose mitgemacht hatte, als er, noch grün hinter den Ohren, von zu Hause nach Amerika weggelaufen war, kamen ihm wie eine Vergangenheit vor, die er endlos durchlebt hatte. *Fast, als wäre ich auf dem Meer geboren und aufgewachsen und nicht in Arnsberg oder Hamm, Orte, so weit entfernt von jeder Küste wie der Mond von der Erde.* Er öffnete die Augen. Lief weiter mit nackten Füßen den Strand entlang, durch auslaufende Wellen, die über die Zehen leckten. Es war kühl und windig, aber Sommer und deshalb nicht wirklich kalt. Nur wenige Menschen kamen ihm entgegen oder überholte er. Die meisten blieben in ihren Hotels, wenn sie Urlauber waren, in ihren Häusern oder Wohnungen, wenn sie in Neuharlingersiel wohnten. Es war eine spontane Idee gewesen, hierher zu reisen. Nichts war für seinen Urlaub geplant. Er hatte mit schlechtem Gewissen überlegt, zu seiner Mutter zu fahren. Dann wieder wollte er eine Radtour die Ruhr entlang machen. In seinem Zimmer hatte er gesessen, ohne sich entscheiden zu können, bis ihm die Bemühungen seiner Wirtin Anna Puff, die meinte, sich ständig um ihn kümmern zu müssen, so auf den Geist gingen, dass er hastig einen Koffer packte, zum Mülheimer Bahnhof lief, in den Zug stieg, der gen Norden fuhr. Nach einigen Richtungskorrekturen landete er an der Nordseeküste, in Neuharlingersiel, und fühlte sich wohl. *Sauwohl kann man fast schon sagen*, prickelte es ihm durch die Synapsen. *Und nur nicht zu viel nachdenken, sonst ist es mit dem Wohlfühlen vorbei. Die Russen schießen schwedische Flugzeuge über der Ostsee ab, die USA bombardiert Nordkorea – als hätten die Menschen in den letzten Jahrzehnten nichts gelernt …*

»Sie lassen sich auch nicht von dem bisschen Wind abschrecken?«

Alfred sah auf und direkt in das Lächeln einer jungen Frau. Sie kam ihm bekannt vor. Er registrierte ebenfalls, dass er, hätte sie ihn nicht angesprochen, direkt in sie hineingelaufen wäre, so wie er mit Blick auf seine Füße und die Wellen gegangen war.

»Sie sagen es«, antwortete er. »Das bisschen Wind! Richtig kalt ist es auch nicht.«

»Die meisten sind verwöhnt«, sagte sie. »Kommen her, um Urlaub zu machen, und bleiben dann, wenn es ein bisschen bläst oder nieselt, in ihren Hotels, Pensionen oder Gasthäusern hocken.« Sie lachte fröhlich. »So ist es viel schöner, als wenn die Sonne brennt ...«

Alfred nickte und war schon ein wenig verliebt. »Aber wo sie gerade unvorsichtiger Weise die Gasthäuser erwähnt haben« sagte er, »darf ich Sie zu einer Tasse Kaffee einladen?«

«Tee wäre hier an der Küste angemessener«, sagte sie und hakte sich bei ihm ein.

***

Kurze Zeit später saßen sie vor dampfenden Tassen. Tee gab's hier und gehörte dazu, Kaffee konnten sie woanders trinken. Kerstin Ahlert – so hieß Alfreds neue Bekannte – hatte ihm ausführlich erklärt, wie dieser Tee zubereitet wird: Kandis, Tee, Sahne – genau in dieser Reihenfolge. »Und wenn man den Kandis knacken hört, dann ist alles in Ordnung.« Den Teelöffel hatte sie ihm weggenommen, bevor er umrühren konnte. Das wäre ein Fehler gewesen.

Alfred war zufrieden. Die ungeplante Reise an die Nordsee erwies sich schon am zweiten Tag als richtig. Die Kerstin, so nannte er sie schon im Stillen, passte in das Bild seiner Vorlieben: nicht zu groß, aber auch nicht viel kleiner als er selbst – auf einsneunundsechzig schätzte er sie –, dunkelbraune Haare, dunkelbraune Augen, immer ein Lächeln in den Mundwinkeln und keine Angst vor dem Wind.

»Mein Mann hat in Wilhelmshaven geschäftlich zu tun. Danach kommt er und wir machen ein paar Tage Urlaub«, erzählte sie. »Wie sind Sie auf Neuharlingersiel gekommen? Wegen des Hafens?«

Alfreds Hoffnungen zerplatzten wie eine Seifenblase. *Irgendetwas ist immer*, dachte er. *Entweder sie sind hässlich, zu klein, haben blaue Augen oder sind schon vergeben.*

»Ich bin vor der vertrauten Umgebung geflohen – und vor meiner Zimmerwirtin.«

»Wie das?«

»Sie meint, sie müsse sich ständig um mich kümmern. Jetzt, wo ich Urlaub habe, ist es besonders schlimm mit der Kümmerei. Kaum auszuhalten.«

»Dann ziehen Sie doch um.«

»Na ja. Eine passende Wohnung zu finden, die ich mir leisten kann, ist in Mülheim nicht ganz einfach. Mülheim an der Ruhr hat so viele freie Wohnungen nicht. Und das, obwohl der Krieg schon sieben Jahre vorbei ist. Wird ja ständig aufgebaut und erneuert, aber dennoch – es ziehen immer noch Vertriebene in die Stadt.«

»Was machen Sie denn so – ich meine, beruflich?«

»Ich bin bei der Mo– also, bei der Kriminalpolizei.«

»Polizist?« Ihr Gesicht wurde ernst. Vorsichtig blickte die Frau sich um. »Hören Sie ...«, Kerstin beugte sich vor und flüsterte. »Vielleicht können Sie mir helfen. Es hört sich albern an, ist aber wahr. Ich werde seit einiger Zeit verfolgt.«

*Oh je*, dachte Alfred. *Das wird nix. Verheiratete Frau mit Verfolgungswahn.*

»Vielleicht glauben Sie jetzt, ich bin verrückt«, sprach sie leise weiter. »Manchmal denke ich das ja selbst. Aber dann passiert plötzlich wieder etwas ... Mit meinem Mann kann ich darüber nicht sprechen – der lacht, hält mich für überspannt. Hab's ein paar Mal versucht. Wissen Sie, was er sagte? Das er mich wieder zu seinem Freund, einem

Psychiater, schicken will. Da war ich schon mal, doch zu dem gehe ich nie wieder. Der macht alles nur noch schlimmer.«

»Woran machen Sie denn fest, dass Sie verfolgt werden?«, fragte Alfred, mehr um irgendetwas zu sagen. Die Sache wurde persönlich und das war ihm unangenehm.

»Immer wieder begegnet mir derselbe Mann. Ich verlasse zum Beispiel den Laden unseres Metzgers. Der Mann steht da am Eingang und wenn er mich sieht, dreht er sich weg und geht. Schaue ich abends aus dem Fenster, steht er mit dem immer gleichen grauen Trenchcoat an der Laterne und blickt zum Fenster hoch. Ich schicke meinen Mann runter, dann aber ist er plötzlich verschwunden. Fahre ich mit dem Bus – Sie können Gift drauf nehmen, er sitzt immer so drei Reihen hinter mir.«

»Na. Ein Profi ist das nicht. Vielleicht ein Verehrer? Jedenfalls stellt sich Ihr Verfolger schön ungeschickt an.«

»Dachte ich auch, aber inzwischen glaube ich eher, dass er sich ab und an zu erkennen geben will. Ich sehe ihn eigentlich dann, wenn ich gar nicht mehr an ihn denke.«

»Haben Sie ihn hier in Neuharlingersiel schon entdeckt?«

»Noch nicht, aber das muss nichts heißen. Vielleicht ist er gleich da, wenn wir das Lokal verlassen.«

***

Draußen war kein Verfolger zu sehen. Kerstin schaute sich immer wieder um, zeigte vor jeder Ecke, vor jedem Schatten Angst. Alfred brachte sie zu ihrem Hotel und nichts war passiert.

»Glück gehabt. Danke für Ihre Begleitung, Herr Poggel. Kann ich Sie um Hilfe bitten, wenn der Kerl wieder auftauchen sollte?«

Alfred nickte. »Rufen Sie bei meiner Pensionswirtin an. Ich schreib Ihnen die Nummer auf. Geht keiner dran, schreiben Sie eine Nachricht und der Hotelpage bringt sie mir. Ich komme dann sofort und sehe mir diesen Herrn im Trenchcoat an.«

Die junge Frau wirkte erleichtert, rief »Tschüss«, verschwand winkend im Hotel. Alfred spazierte nachdenklich zu seiner Pension, die kaum dreihundert Meter und vier Ecken weiter lag. *Seltsames Mädchen. Fröhlich, nicht zimperlich gescheit, – und dann diese Vorstellung von einem Verfolger? Vielleicht - weil ihr Mann noch nicht da ist. Jungverheiratete Frauen sollen manchmal eigenartige Anwandlungen haben, habe ich mal von Thekla gehört.*

Gerade war der Tag noch schön, jetzt mochte ihn Alfred nicht mehr. Er sah sich bewusst nach anderen Frauen um, doch es war wie verhext. Nichts, was ihm begegnete, gefiel ihm. So zog er sich in sein Pensionszimmer zurück, stellte sich die halbe Flasche Rheinwein, die er sich noch vor der Abfahrt in Mülheim gekauft hatte, ans Bett, kroch unter die dicke Daunendecke und nahm sich den Kriminalroman von diesem Schweizer Autor vor, denn er liebte wie sonst nur die Bücher von Heinrich Heine. *Krimis sollte ein Polizist nicht lesen*, dachte er. *Aber Wachtmeister Studer - den könnte man sich glatt zum Vorbild nehmen. Unbeirrbar, unbestechlich, und selbst im Zweifeln noch konsequent. Und der hatte wenigstens eine Frau, die selbst nicht auf den Mund gefallen war. Anders als dieser Maigret aus Frankreich.*

***

Am nächsten Morgen trank Alfred reichlich Kaffee, verzichtete auf den Rest des Frühstücks und ging zum Strand. Ein zu kühler Tag. Wolken hingen über dem Wasser, die Luft war feucht, wie feinster Niesel. Der Regen kam aber nicht herunter. Dafür war es windig. Er wusste nicht, was ihn umtrieb – oder doch, er wusste es schon, aber er wollte es nicht wahrhaben. Die Kerstin Ahlert ging ihm nicht aus dem Kopf, hatte ihn schlecht schlafen lassen und, als er dann doch noch wegdämmerte, in verwirrende Träume verwickelt.

Er lief am Strand herum und stand mit einem Mal vor ihrem Hotel, wunderte sich, wie er dort hingekommen war. Wunderte sich auch über den Polizeiwagen, der dort stand. Er ging ins Hotel, kämpfte sich durch merkwürdig viele Menschen zur Rezeption durch und fragte nach Frau Ahlert. Kurze Zeit später stand er einem Kollegen der hiesigen Kriminalpolizei gegenüber und der ihn gleich nach seinem Verhältnis zu Kerstin Ahlert fragte. Tot war sie, das Zimmermädchen hatte sie gegen zehn Uhr im Bett mit aufgeschnittenen Pulsadern entdeckt. Eine leere Packung Schlaftabletten fand man auf dem Nachttisch.

Es dauerte, bis der Kollege ihn entließ. »Halten Sie sich zur Verfügung und verlassen Sie den Ort nicht«, hatte der ihm gesagt. Wie er danach zurück in sein Pensionszimmer gelangte, konnte sich Alfred selbst nicht erklären. So richtig bewusst wurde ihm die Situation, als er seine zitternden Hände sah, die es nicht schafften, das Selterswasser aus der Flasche in das Glas zu füllen.

Alfred stellte die Flasche mit einem Krachen hin und ging zum Fenster, sah auf die Nordsee, staunte über den blauen Himmel. *Kein Regen?* dachte er. *Hat der Wind doch die Wolken vertrieben. Die Sonne scheint und Kerstin kann sie nicht mehr genießen.*

»Verdammt noch eins«, rief er laut. »Muss ich mich denn hier zum Hugo machen? Ich habe ihr nicht geglaubt und sie für eine verwirrte junge Frau gehalten. Zu spät … zu spät. Verdammt noch mal.«

Alfred rieb sich die Augen, sah, dass sein Handrücken feucht war. Er warf sich auf das Bett und heulte. Dann lag er eine Weile still – auch seine Gedanken hatten ausgesetzt. Als sein Verstand wieder arbeitete, stand er auf und war ganz ruhig. Er blickte auf seine Hände, stellte fest, dass sie nicht mehr zitterten, griff zur Flasche und goss den Rest Wasser in das Glas.

***

»Herr Poggel, einen Augenblick ...«

Alfred hielt auf halber Treppe an. Seine Pensionswirtin war aus der Wohnungstür getreten und hielt ihm irgendetwas entgegen.

»Das wurde gestern schon für Sie abgegeben. Ich habe Sie immer verpasst und konnte es Ihnen nicht früher geben.«

»Sie hätten es ja unter der Tür durchschieben können«, sagte Alfred mürrisch und ging die Treppe herunter.

»Dann hätte ich den Umschlag ja beschmutzt«, sagte die Frau pikiert und machte ein gekränktes Gesicht.

»Trotzdem danke«, sagte Alfred, nahm den Brief und ging zurück in sein Zimmer. Dort riss er den Umschlag, der nur seinen Namen trug, auf und las.

»Lieber Herr Poggel, jetzt ist er doch wieder da. Eben bin ich noch einmal zur Hotelrezeption gegangen. Ich wollte nachfragen, ob mein Mann heute gekommen sei, ich ihn vielleicht verpasst hätte, da sah ich gerade noch, wie der Mann sich umdrehte und nach draußen ging. Als ich die Rezeptionistin fragte, ob sie den Mann kenne, erwiderte sie, dass er sich nach mir erkundigt hatte. Mir wurde sofort schwindlig, aber ich freue mich trotzdem. Jetzt weiß ich, dass ich nicht verrückt bin. Sie können die Hotelangestellte fragen, die hat ihn ja auch gesehen. Bitte, Herr Poggel, lassen Sie mich jetzt nicht allein. Kommen Sie rüber und reden mit der Frau an der Rezeption. Vielleicht gelingt es Ihnen, den Mann zu finden und zur Rede zu stellen. Möglicherweise lässt er mich danach in Ruhe, wenn er sieht, dass sogar die Polizei inzwischen von ihm weiß.

Ach bitte, lassen Sie mich das nicht allein durchstehen.

Kerstin Ahlert«

Alfred setzte sich auf den Stuhl und ließ den Brief auf den Tisch fallen.

*Zu spät, dachte er. Ich begehe jetzt auch einen Mord. Gleich bringe ich diese dämliche Pensionswirtin* um. Aber er stand nicht auf, sondern blickte nur traurig aus dem Fenster. Dann kam Wut in ihm hoch. *Wo ist der Kerl? Der muss doch zu finden sein!* Er stand auf und verließ das Zimmer und das Haus.

***

Vor Kerstins Hotel traf er den Wilhelmshavener Kommissar, der gerade in sein Auto steigen wollte. Es sei alles geklärt, sagte der Kollege. Eindeutig Selbstmord, weitere Ermittlungen seien nicht nötig. Ein Anruf beim Ehemann in Wilhelmshaven hatte ergeben, dass die Frau schon länger depressiv war und an Verfolgungswahn litt. Ein Psychologe könne das auch bestätigen. Alfreds Einwand, dass die Frau gestern aber alles andere als depressiv gewirkt habe, ließ er nicht gelten.

»Wie lange kannten Sie Frau Ahlert?«

»Nun, seit gestern, ein paar Stunden ...«

»Dann werden Sie ja wohl verstehen, dass ich mehr auf die Aussage ihres Mannes gebe und auf die eines Arztes, der sie behandelt hat.«

»Aber ...«

»Herr Kollege, ich mische mich auch nicht in Ihre Fälle ein. Nichts für ungut, aber ich habe in Wilhelmshaven noch andere Sachen auf dem Tisch.«

Alfred kam nicht mehr dazu, ihm den Brief zu zeigen. Er sah dem davonfahrenden Kollegen hinterher, unschlüssig, was er nun tun sollte. Dann ging er ins Hotel und an die Rezeption.

»Kann ich die Dame sprechen, die gestern Abend Dienst hatte?«

»Sicher« antwortete der junge Mann an der Rezeption. »Sie kommt in einer Stunde. Sie hat diese Woche den Nachmittag- und Abenddienst.«

Alfred verließ das Hotel und setzte sich in ein Café am Hafen, bestellte Kaffee, widerrief und ließ sich Tee bringen, den er so trank, wie Kerstin es ihm gezeigt hatte. Er holte sich das Bild der fröhlichen jungen Frau vor Augen

– auch wenn es schmerzte – und stellte die Verwirrtheit, als sie von dem Verfolger gesprochen hatte, daneben. Trotzdem, da war keine Depression. Da war eine Angst bei ihr zu spüren gewesen, aber keine, die das ganze Leben vergiftete. Eher war die Freude da, dass ihr jemand zuhörte, der sie nicht gleich für dumm erklärte. Und dann der Brief. Er holte ihn vor und las ihn, immer wieder. Da klang Hoffnung heraus, das Problem beseitigen zu können, mit seiner Hilfe. Nichts Depressives. Und da soll sie sich kurz danach die Pulsadern aufgeschnitten haben? *Gut, ich bin nicht gekommen, weil ich den Brief nicht kannte. Aber so schnell fällt man nicht in Verzweiflung. Da fragt man eher ein zweites Mal nach. Das ist nicht passiert. Es konnte nicht passieren!*

Nach einer zweiten Tasse Tee stand er auf und ging zum Hotel zurück. Die junge Frau hatte ihren Dienst bereits angetreten.

»Ich bin noch ganz erschüttert«, sagte sie. »Gerade erst habe ich es erfahren, weil ich heute Vormittag nicht da war. Ich habe meinem Onkel geholfen, eine Gruppe Wattwanderer nach Spiekeroog rüberzubringen.«

»Frau Ahlert kam gestern Abend noch zu Ihnen an die Rezeption?«

»Sie kam sogar zweimal«, sagte sie. »Das zweite Mal bat sie darum, einen Brief weiterleiten zu lassen.«

»An mich.«

»Stimmt.«

»Und was wollte sie das erste Mal?«

»Da fragte sie mich nach diesem Mann, der gerade das Hotel verlassen hatte.«

»Was war das für einer?«

»War komisch. Er fragte nach Frau Ahlert und ob sie da sei. Als ich nach dem Zimmerschlüssel sah, drehte er plötzlich um und verließ das Hotel. Und da kam die junge Frau auch schon zu mir.«

»Können Sie den Mann beschreiben?«

»Er war merkwürdig.«

»Wie meinen Sie das?«

»Er sah ganz normal aus. Aber ich hatte trotzdem den Eindruck, dass da etwas nicht stimmte.«

»Können Sie das näher erklären?«

»Nun, die buschigen Augenbrauen waren zum Beispiel dunkel, fast schwarz. Da passten die blonden Haare nicht dazu. Der mächtige Schnauzer passte ebenfalls nicht zum Gesamtbild, außerdem schien er schief zu sitzen. Wie falsch angeklebt. Und dann hatte ich den Eindruck, die Stimme war verstellt. Überhaupt hat er mehr geflüstert als gesprochen. Er wirkte falsch – und dann war er auch schon weg.«

»Und Frau Ahlert hat nach diesem Mann gefragt?«

»Ja, und sie schien erleichtert, fast schon fröhlich.«

»Hat sie Ihnen erklärt, warum?«

»Sie drehte sich um und lief weg. Und kaum zehn Minuten später kam sie mit dem Brief, den sie sofort zuzustellen bat. Ich habe ihn unserem Küchenjungen gegeben, der ihn in ihre Pension gebracht hat.«

Alfred ließ sich noch die ungefähre Größe des Mannes beschreiben, die Art und Weise wie er sich bewegt hatte und bat dann die junge Frau, ihn zu benachrichtigen, wenn jemand käme, der auch nur entfernt an diesen Mann erinnern würde.

***

Alfred verordnete sich einen langen Spaziergang bis nach Carolinensiel. Er dachte nach, holte all das hervor, was er aus dem Gespräch mit der jungen Frau wusste. Es war nicht viel. Immer wieder ließ er das Gespräch gedanklich ablaufen, wie bei einem Tonbandgerät, bei dem die Rolle zurückgespult wurde. Sie hatten solch ein Gerät auf dem Revier. Wie gerne hätte er das Gespräch damit aufgezeichnet - aber es musste auch so gehen.

Sie war noch nicht lange verheiratet, kaum ein Jahr. Ihr Mann war Ingenieur, der technische Firmen beriet. Sie selbst war nicht unvermögend, da sie von einer Tante gut geerbt hatte. Das hatte sie ihm alles gestern beim Tee und auf dem Weg zum Hotel erzählt. Die Verfolgung hätte ein Vierteljahr nach ihrer Hochzeit begonnen, dauerte also schon sechs Monate an. Sie tippte zunächst auf einen früheren Verehrer, dem sie einen Korb gegeben hatte. Da hätte es einige gegeben, aber keinen, der diesem Mann ähnelte. *Wer hätte ein Motiv? überlegte Alfred. Eigentlich nur ihr Mann. Der wird jetzt ihr Vermögen erben.* Alfred hasste ihn, mehr noch als vorher. Er hatte ihn schon gestern gehasst, weil er Kerstin geheiratet hatte. *Es sollte mich nicht wundern, wenn der heute noch auftaucht, um die Sachen seiner Frau zu holen. Ich darf ihn nicht verpassen.*

Alfred drehte um und beeilte sich, nach Neuharlingersiel zurückzukommen.

***

Am frühen Abend erschien wieder der Küchenjunge des Hotels in der Pension und brachte Alfred einen Brief. »Es ist jemand gekommen, der es sein könnte«, schrieb die Rezeptionistin. Alfred eilte zum Hotel.

»Sie sind oben und holen ihre Sachen«, sagte sie zu Alfred.

»Wer?«

»Ihr Mann und noch jemand.«

»Und Herr Ahlert erinnert sie an den merkwürdigen Mann von gestern?«

»Nein. Der nicht. Sein Begleiter. Da kommen sie schon wieder.«

Zwei Männer traten an die Rezeption. Einer legte einen Schlüssel hin.

»Vielen Dank, ich glaube, ich habe jetzt alles. Wenn noch etwas ist, Sie haben ja meine Wilhelmshavener Nummer. Da bin ich noch die nächsten zwei Tage zu erreichen. Und meine Heimatadresse haben Sie von meiner Frau in Ihren Büchern.«

Alfred betrachtete den Ehemann genauer. Er war nicht allzu groß, hatte braunes, lockeres Haar. Vor allem hatte er rote Augen, so, als hätte er gerade noch geweint. *Das kann er nicht sein*, dachte Alfred und spürte, wie sein Hass zusammenschmolz. Der andere, gut einen halben Kopf größer als Kerstins Mann, hatte kräftige Augenbrauen, so wie von der Rezeptionistin beschrieben, aber keinen Schnauzbart und fast schwarzes Haar.

»Meine Herren«, sagte Alfred. Beide wandten sich ihm zu. »Sie fahren nach Wilhelmshaven?«

»Ja«, sagte der andere. »Warum?«

»Weil ich Sie bitten möchte, mich mitzunehmen. Es ist etwas umständlich, mit dem Bus dorthin zu gelangen. Den letzten habe ich gerade verpasst.«

»Kein Problem«, sagte Kerstins Mann. »Wir müssen aber sofort fahren.«

»Ich bin bereit«, sagte Alfred.

***

»Gibt's ein Bier aufs Haus?«, fragte Alfred in seiner Stammkneipe.

»Warum dat denn?«, fragte Willy zurück.

»Na, für einen gelösten Mordfall.«

»Lass hörn«, sagte Willy und sorgte damit für ein Stühlescharren und Zusammenrücken der Gäste.

»Wir haben doch ganix vonnen Mord inne Zeitung gehapt, inne letzten Tage«, sagte einer.

»War auch nicht hier.« Alfred trank das Glas Bier, das Willy vor ihm abgestellt hatte, zur Hälfte leer. Dann wischte er sich den Schaum vom Mund.

»War in Neuharlingersiel.«

»Watt? Wo war dat?«

»Oben an der Nordsee. Da wollte ich Urlaub machen. Und gleich am zweiten Abend lernte ich diese junge Frau kennen. Am nächsten Tag war sie tot. Selbstmord hieß es, Pulsadern aufgeschnitten. Sei immer depressiv gewesen.«

»Sowat gibbet«, sagte einer. »Unse Tante Hedwich, die wa auch imma am Jammern un dat es nix is, mitten Leben. Eines Tags fand man sie dann. Hatte zuviel Tabletten geschluckt.«

»Diese hat aber nicht gejammert. Die war lebensfroh. Nur Angst hatte sie ein bisschen, weil sie sich verfolgt fühlte. Ich dachte auch erst, schade, so eine, die sich wichtig machen will oder einen Knacks hat. Aber war nicht so. Die wurde wirklich verfolgt und dafür gab es sogar eine Zeugin an der Hotelrezeption. Die rief mich dann auch, als sie den Mann wiedererkannte, obwohl er seine Verkleidung abgelegt hatte. Ich bat die beiden, mich nach Wilhelmshaven mitzunehmen. Der Mann der Toten stimmte zu, dem anderen war das nicht so recht, das merkte ich schon. Auf der Fahrt konnte ich einiges im Gespräch herausbekommen. Zum Beispiel, dass der zweite ein Psychiater war und die Frau, die sich umgebracht haben sollte, behandelt hat. Das hätte er schon gar nicht erzählten dürfen, das machte ihn zusätzlich verdächtig. Beide wussten nicht, dass ich Polizist bin. Die dachten, ich sei ein normaler Urlauber.«

Alfred trank noch einen Schluck.

»In Wilhelmshaven bin ich dann zu den Kollegen, hab den Brief von der Frau vorgelegt, von der Zeugin erzählt und dann waren die bereit, über den Fall nachzudenken. Sie ordneten eine Obduktion an. Es wurden Erkundigungen eingeholt und dabei kam heraus, dass der sogenannte Psychologe gar keiner war, sondern mit gefälschten Papieren arbeitete. Und er hat auch noch mehr gefälscht, nämlich das Testament von Frau Ahlert. Darin wurde ihm ein Großteil ihres Vermögens zugesprochen. Der Ehemann fiel aus allen Wolken, als er das erfuhr. Er hat den anderen für seinen Freund gehalten. Dieser falsche Psychiater hatte aber versucht, die junge Frau durch Verfolgung und durch seine Behandlung in den Selbstmord zu treiben. Da er das so nicht schaffte, versuchte er es mit Mord. Er drang in ihr Zimmer ein, zwang sie, ein starkes Schlafmittel zu nehmen, und schlitzte dann der wehrlosen Frau fachgerecht die Pulsadern auf. Man fand Druckstellen an ihren Armen, die sie sich nicht selbst zugefügt haben konnte, und es wurden zwei weitere zurückliegende Fälle aufgedeckt, bei denen diese Mordmethode bereits funktioniert hatte.«

»Klasse gemacht«, sagte Willy. »Aber auffet Haus geht es nur, wenn es ein orntlicher Mülheimer Mord ist.«

Alfred seufzte ergeben, trank sein Glas Bier ganz aus und zahlte.

*Horst-Dieter Radke*

## Heißmangel

*1953*

Dem Mädchen schlugen warmer, feuchter Dampf und der Geruch von altem Schweiß entgegen.

»Ich soll die Mangelwäsche abholen, Herr Gottschlich.«

»Sach deiner Mutter, ist morgen fertig.« Wolfgang Gottschlich wischte sich Feuchtigkeit aus dem Gesicht, aus den Haaren. Die Hände wischte er an einer Tischdecke ab, die noch geglättet werden musste.

»Ihre Frau hat aber ...«

»Wat die Hermi sacht, ist Kokolores. Siehste doch, wat zu tun ist.« Er wies auf etliche Wäschekörbe, in denen Zettel mit den Namen der Kundinnen lagen.

Jetzt sah er Astrid genauer an. *Mein lieber Scholli, die is mächtig inne Höhe geschossen. Und dat Pullöverken issen bissken eng. Der Rock zu kurz.* Aber es gefiel ihm, was er sah. Es gefiel ihm so sehr, dass er sich nach einem Kopfkissenbezug bückte und ihn wie beiläufig vor den Bauch hielt. »Willste watt Süßes?« Gottschlich griff in ein Glas mit Bonbons.

»Nein.« Und schon war Astrid Scholz wieder weg, während noch die Klingel, die oben an der Ladentür befestigt war, schepperte.

»Der is nix gut genug. Hochnäsig' Blach, dat.«

***

Hermi's Mangelstube befand sich in der Schillerstraße. Astrid drehte sich auf dem Bürgersteig um und sah, wie Herr Gottschlich die Gardine hinter dem Schaufenster bewegte und ein wenig beiseite zog. Sie wollte nach Hause. Nahm den Weg über die Heißener und die Uhlandstraße. Ging rüber zu dem Pfad am Bahndamm, der hinter dem Mülheimer Bahnhof lag. Dichtes Gestrüpp versperrte die Sicht.

Mit dem Rücken zum Weg blickte sie rüber zu den Hinterhöfen. Hier hatte sie vor drei Tagen den Jürgen aus ihrer Klasse getroffen. Er hatte gesagt, wir können uns hier wieder treffen. Deshalb trödelte sie, guckte und wartete. Astrid wohnte mit ihrer Mutter hinter dem alten Friedhof, An der Kluse, in einem Haus, das den Krieg überlebt hatte.

***

An diesem Dienstag half Wolfgang Gottschlich seiner Hermi zwei Mal. Jeweils für eine Stunde. Heute erneut ab drei. Da musste er rechtzeitig zurück sein. Er schaute auf. An der Wand gegenüber der Mangelwalze tickte die runde Uhr. Er hörte oben die Tür gehen. *Gleich is Hermi da.* Er schob die kleine Leiter zur Wand und stieg darauf. In so einem Laden gab es immer genügend zu tun. So richtete er auch gerade den Wandkalender ›Mülheim-Ruhr – 1953‹. Das hatte Hermi moniert; Schiefes störte sie.

Zufrieden sprang er von der Leiter. Zog die Jacke an, die Hermi ihm gestrickt hatte. Seine Hosentaschen hingen schwer, er hatte darin allerlei Kram reingesteckt. Leise pfeifend verließ er schnell den Laden, bevor ihn seine Frau betrat. Sonst würde sie ihm wieder weitere Arbeit aufhalsen, darin war sie großartig. Er brauchte auch mal Zeit für sich, und die Hermi hatte er nun überlistet.

***

Er ging gern am Bahndamm entlang. Hier überkamen ihn wieder einmal recht ausgefallene Gedanken, die er dann und wann auch träumte. Auf diesem Weg hörte er das rhythmische Rattern der Güterzüge, das Rumpeln der Waggons, und roch den Dampf der Lokomotiven. Das klang nach Aufbruch, nach Veränderung. Die Geräusche gefielen Gottschlich und er freute sich über den Trick, mit dem er sich eine Stunde geklaut hatte. Hermi, die würde nie drauf kommen ... Schade, der Weg war fast zu Ende. Er wusste es ja, aber die Tatsache enttäuschte ihn jedes Mal, so auch heute. Da wird er wohl, wie schon oft, selbst Hand an sich legen müssen. Sieht mich ja keiner hier.

In dem Augenblick sah er, wie karierter Stoff hin- und her wippte. Neugierig ging er weiter und erkannte, dass es der Rock von der Astrid Scholz sein musste. Den trug sie doch ständig. Einer seiner vielen Gedanken machte sich in ihm breit. *Die Astrid! Hübschet Ding, wie se sich bücken tut, aber dat soll se nich vor einem Mann tun. Die langen Beine, mein lieber Scholli, wie die Kinder doch wachsen …* Gottschlich näherte sich dem Mädchen äußerst leise.

*Auf wen wartet die? Bestimmt auf mich.* Er lachte innerlich hämisch. *Nun ja, sie hatte schon im Laden so frech geglotzt. Ah. Gezz beugt se sich vor, und sonne weißet Schlüpfer, sowat hab ich ewig lange nich gesehen. Dat geht donnich, macht se dat extra? Nich auszuhalten ist dat, ach Kind, bück dich weiter …* Gottschlich merkte nicht, dass er leise stöhnte. Er griff in die Hosentasche, seine Hand umklammerte einen schweren Schraubenschlüssel. Solche Dinge trug er gern bei sich. Vorsichtig trat er auf dem steinigen Boden auf; er schlich regelrecht weiter, bis er direkt hinter dem Mädchen stand, das sich gerade aufrichtete. *Bücken*, schrie ein Gedanke in ihm. Ich muss dich haben, schrie dieser weiter. Der Gedanken gellte wütend in seinem Kopf, in den Ohren, in seinem Körper. Wie von selbst hob sich Gottschlichs Arm. Er war so nah hinter dem Mädchen, dass er es atmen hörte, dass er dessen schlanken Hals sah – wie biegsam er wirkte – und das halblange blonde Haar. Er spürte es eher, als dass er es sah, sie wollte sich umdrehen, sie öffnete den Mund, um etwas zu sagen – da schlug er kraftvoll den Schraubenschlüssel gegen ihren Hinterkopf. Schon lag Astrid mit dem Gesicht auf dem Boden. Für den Hauch einer Sekunde war Gottschlich erschrocken und schlug ein weiteres Mal zu.

Das Mädchen zuckte mit den Beinen. Gottschlich hielt die Luft an. Jetzt dröhnte es in seinen Ohren. Nichts anderes hörte er mehr, auch nicht das schmerzerfüllte Stöhnen des Mädchens, bis dieses Geräusch verebbte, Gottschlich hinüberschaute zu den Hinterhöfen, feststellte, dass niemand zu sehen war.

Schnell sah er auf seine Armbanduhr. Gute Vorkriegsware. Er nickte. Er lag noch gut in der Zeit.

***

Er zog seine Stoffhose wieder hoch, den Reißverschluss, hakte den Pin in die Gürtelschnalle ein, wischte die Hände an den gelbroten Oktoberblättern ab. Streifte sich hastig die Strickjacke über. Es war recht frisch geworden. Mit einem Zucken um den Mund, das seinem Gesicht ein verächtliches Aussehen gab, blickte er nach unten. Das Dröhnen in seinem Kopf ließ nach, die Hitze im Körper, die grellrote Erregung, die ihn überwältigt hatte, war wie weggeblasen. *Vorsicht is die Mutter dä Porzellankiste,* überlegte er, *nicht dat se Quatsch erzählt wegen der Beulen am Kopp. Und wie dat Haar aussieht, dieses Blut ...* Entschlossen griff er nach einem Ziegelstein – davon lagen etliche herum – und schlug dem Mädchen noch einmal so heftig auf den Hinterkopf, dass er meinte, ein Knacken gehört zu haben. *Uaaah. Kann man ja nich mit anhören, ich will dat nich, will zurück zur Hermi.*

Er trat ein paar Schritte zurück. Ihm war, als hätte das Mädchen sich noch bewegt. Aber genau konnte und wollte er das nicht erkennen. *Dat die Blagen auch mit so engen Wämsken rumlaufen müssen. Unmöglich,* schimpfte er innerlich und sah auf das heruntergezogene Baumwollhöschen. Er bückte sich, griff sich Blätter und streute sie über das Mädchen. Drehte sich um und ging den Weg wieder zurück. Die Uhr in der Mangelstube zeigte drei Minuten vor drei, als er hereinkam. Das ist ja genau passend, bin noch gut in der Zeit, dachte er wieder. »Hermi, lass uns flott die Laken für die Frau Scholz recken. Dä Astrid war schon hier und wollte die Wäsche abholen tun.« Als Hermi noch was aus dem Keller holen musste, griff er sich schnell die Leiter, schob sie gegen die Wand, stieg hastig hoch und drehte den kleinen Zeiger der Uhr eine Stunde vor. So war es richtig.

***

Anna Puff keuchte, während sie den Packen Mangelwäsche auf ihren Tisch mit der Wachsdecke knallte. Sie zog aus den Enden des Badehandtuchs die Stecknadeln heraus. »Kann die Hermi dat nicht anders festmachen? Aber schon inner Schule kam sie ja selten auf wat Intelligentes. Wat ich da ...« Mit winziger Zeitverzögerung rief sie: »Herr Poggel? Sind Sie da?«

Anna hörte das typische Quietschen der Tür aus der Flurmitte. Also war er da. Anna kannte jedes Geräusch der Türen in ihrer Etagenwohnung. Sie vermietete zimmerweise.

In diesen Zeiten war jeder froh, wenn ein Zimmer mit Bad- und Küchenbenutzung frei war. Vor allem als einzelner Herr. Alfred Poggel war ein solcher und Leiter der Mülheimer Mordkommission.

»Da haben Sie Glück, dass ich schon zu Hause bin«, sagte Alfred, während er die Küche betrat. »Was gibt's, Frau Puff?«

»Haben Se gehört? Haben Se?«

»Was?«

»Na. Die Astrid Scholz, die wird gesucht.«

»Wer sagt das?«

»Ich habe ja in der Mangelstube vonne Gottschlich meine Wäsche abgeholt. Der Hermi hilft ihr Mann nun, weil er zu oft am Büdchen die Püllekes leer gemacht hat. Während ich mit Hermi und Wolfgang 'n bissken quatschte, kam die Frau Scholz total aufgelöst reingestürmt. ‚Haben Sie meine Tochter gesehen? Sie sollte die Tischtücher mitbringen. Zu Mittag ist sie nicht nach Hause gekommen, sehr ungewöhnlich, sie weiß doch, dass der Patenonkel zu Besuch da ist.'«

»Hermi sagte: ‚Hab sie nicht gesehen‘ und mangelte weiter. Ist das eine Hitze da drinnen. Wie die dat aushält. Sie rief ihren Wolfgang, der sollte ein neues Bettlaken in die Walze einführen. Auch den fragte Frau Scholz nach ihrer Astrid. Als er die aufgeregte Mutter hörte, ließ er das Laken fallen. Hermi schimpfte und ihr Oller nuschelte: »Die Gören von heute, wie die rumlaufen, hätte es früher nicht gegeben, vielleicht hat sie ja einen Knülli. Wie alt ist sie? Sechzehn? Alt genug, um Blagen zu machen ...« Frau Scholz wurde noch aufgeregter und sagte: »Wenn sie bis sechs nicht da ist, geh ich zur Polizei.« Als sie ging, weinte sie und war sehr aufgeregt.«

***

Im Polizeipräsidium sagte Schnittger zu Alfred Poggel: »Ich glaub die Aussage vom Gottschlich nicht. Der hat das Mädchen als Letzter gesehen. Die war im Laden, sagte er. Und – wo war er nach Ladenschluss? Genau um die Zeit hat Astrid die Mangelstube verlassen. Was der Mann uns aufgetischt hat, das ist erstunken und erlogen. Ich habe das Gefühl ... nee, ich weiß es gewiss, er ist der Täter.«

»Gottschlich hat ein Alibi«, antwortete Alfred Poggel, »mit Gefühlen kommen wir hier nicht weiter. Seine Frau hat bestätigt, dass er um fünfzehn Uhr von seinem Spaziergang zurück in der Mangelstube war.«

»Ehefrauen sind keine gute Alibizeuginnen. Gibt’s keine anderen Personen, die das Mädchen noch gesehen haben?«, fragte Schnittger.

»Frau Gottschlich lügt nicht«, erwiderte Alfred. »So eine, wie die kann gar nicht lügen. Hermi ist eine Gemütliche, so eine, die selbst, wenn sie lügen wollte, noch die Wahrheit sagt. Der Mann ist eher ein heimlicher Unter-die-Röcke-Gucker. Da war doch mal was mit ihm? Nur – wir haben nichts Greifbares gegen ihn – und doch ...«

»Was ist nun mit Astrids Schulkamerad ...?«, fragte Schnittger.

»Jürgen war zur Tatzeit – etwa kurz nach drei – beim Rudern. Der hat Zeugen und scheidet als Täter aus. Gottschlich kannte das Mädchen als Kundin. Mich hat es erstaunt, wie ruhig der Mann blieb, als wir ihn befragten, als er hörte, dass das Mädchen höchstwahrscheinlich ermordet worden war. Da bleibt man doch nicht ruhig ... Nur sein rechtes Augenlid zuckte während der Befragung wie verrückt. Die Augen hielt er weit aufgerissen, komisch. Alles leider kein Grund, ihn festzunehmen«, stellte Alfred fest. »Auf diesem Weg am Bahndamm, geschah ja schon einiges. Sie erinnern sich noch an den Überfall Ende August?«

»Die Uhrzeit! Also, wenn das Mädchen nach drei Uhr getötet wurde, kann es der Gottschlich nicht gewesen sein. Der war ja, laut Aussage seiner Frau, um diese Zeit in der Mangelstube. Und draußen, insbesondere in der Gegend am Bahndamm, hat ihn niemand gesehen. Soweit die Nachfragen ergeben haben.« Schnittger sah angespannt aus.

»Er machte seinen Mittagsspaziergang, das bestätigte auch seine Frau.«

»Wie lange geht man von der Heißmangel bis zum Tatort?«, fragte Schnittger.

»Maximal zehn Minuten«, überlegte Alfred. »Und für den Überfall, das Zuschlagen und das Vergewaltigen, da HAT so einer nicht lange gebraucht. Eine solche Tat ist selten geplant, die geschieht im Affekt. Also: Der Täter braucht alles in allem nur wenige Minuten, selbst mit etwas Spurenverwischen. Dann geht er entweder weiter, auf die Kaiserstraße, vielleicht auf den Werdener Weg, da am Friedhof vorbei. Der Rückweg kann sich lang hinziehen, wenn wir nicht mehr Anhaltspunkte haben. Wenn es aber der Gottschlich war, dann ist der Mann doch auf dem schnellsten Weg wieder zurück in die Mangelstube gerannt. Also wäre er denselben Weg zurück und der hätte dann auch nicht länger als zehn Minuten gebraucht. Nach dieser Hypothese müsste er kurz vor vier zurück gewesen sein.«

»Und – was denken Sie noch?«, fragte Alfred.

»Die Tatwaffe! Mann. Wir wissen jetzt, dass die ersten beiden Schläge mit einem harten glatten Gegenstand ausgeführt wurden ...«

«... wahrscheinlich aus Metall, vielleicht war es ein Werkzeug«, sagte der Gerichtsmediziner. »Wegen besonderer Einkerbungen am Schädel ...« Alfred schloss die Augen. So konnte er sich die Tat, wie sie möglicherweise abgelaufen war, genauer vorstellen.

»Gottschlichs Frau sagte, dass sie sich an dem Nachmittag sehr gewundert habe.«

»Worüber?«

»Sie fand, dass die Zeit so auffallend schnell umgegangen war.«

»Na ja. Manchmal geht sie furchtbar schnell vorbei, manchmal quälend langsam. Zeit ist relativ. Das sagt auch Einstein. Hm ...«

»Aber was wäre – wenn Gottschlich die Uhrzeit manipuliert hat?«, fragte Schnittger. »Und wenn, warum tat er es?«

Alfred sprang auf. »Warum, warum? Er kann einige Gründe gehabt haben, ganz harmlose – und wenn er sich einfach Freizeit verschaffen oder unterwegs ein Bier trinken wollte ... Aber – Er könnte die Uhr zurückgestellt haben.«

»Wie wäre das nachzuweisen?«

»Gottschlich hat furchtbar viel geredet, gerade im Hinblick auf die Uhrzeit. Und wer so viel redet, hat was zu verbergen. Dabei kommt der Kerl sich noch oberschlau vor, wie er dabei so überheblich guckte. Das machen Unschuldige nicht. Die haben das nicht nötig, weder langes Reden noch den Arroganten raushängen lassen ...«

»Was haben Sie vor, Chef?«

»Schnittger, rufen Sie ihn an, laden Sie ihn für heute Nachmittag vor. Notfalls lassen Sie ihn mit der grünen

Minna abholen. Nehmen Sie ihm alles ab: Geldbörse, Taschenmesser, was er eben bei sich hat. Ganz wichtig: seine Uhr. Egal, ob Armband- oder Taschenuhr. Die brauchen wir. Erklär ich Ihnen später.«

Alfred zog seine alte Windjacke an.

»Ich radele schnell nach Hause und bereite die Aktion ›Stundenzeiger‹ von einer anderen Seite aus vor.«

***

»Hier«, Schnittger schob Gottschlich einen Kasten mit den Sachen hin, die er ihm vor den Verhören abgenommen hatte.

»Wofür musste ich dat übahaupt abgeben?«, maulte Gottschlich.

»Für den Erkennungsdienst.«

»Unt? Wat gefunden?«, fragte Gottschlich.

»Sie können gehen. Los. Ab. Nur fertig sind wir mit Ihnen noch nicht.«

Mit mürrischem Gesichtsausdruck ging der Mann. Erst auf dem Flur hellte sich seine Miene wieder auf. *Die können mir nix.* Als er das Polizeigebäude verlassen wollte, stoppte er. Alfred Poggel stand mit Anna Puff ein paar Meter weit von ihm entfernt und wandte ihm den Rücken zu. *Dat is doch sonne Quatschtante vonne Hermi.* Er hörte seinen Namen. Er lauschte.

»Waren Sie da?«

»Vor einer halben Stunde. Ich habe mit Hermi geredet, sie in den Hof geschickt und schnell die Uhr in der Mangelstube um eine Stunde zurückgestellt. Recht so, Herr Poggel?«

»Gut. Sehr gut. Ich geh jetzt dahin und kann den Mann hoffentlich anhand der falschen Uhrzeit überführen.«

Gottschlich hatte genug gehört. Im Laufschritt eilte er zur Schillerstraße. *Uhr zurückgestellt? Wat wissen die denn? Kann nicht sein. Es hat mich niemand gesehen.* Keuchend riss er die Tür zur Mangelstube auf. Blickte auf seine Vorkriegs-Junghans und auf die Uhr in der Mangelstube. Verglich die Zeit. Ging doch die Ladenuhr tatsächlich um eine Stunde nach. »Ihr kriegt mich nicht, ihr nicht.« Er grinste. Schnappte sich die Leiter, ratschte sie vor die Wand, stieg hinauf und stellte die Zeiger um eine Stunde vor.

»Wat machse, lass dat, die geht richtich.«

»Geht se nicht, Hermi, kümmer dich lieber um deine Wäsche ...«

»Die Uhr ging so lange richtig, bis Sie die Zeiger manipuliert haben«, sagte Alfred, der durch die Hintertür in den Laden gekommen war. Gottschlich kniff die Augen zusammen und sah auf seine Armbanduhr, ehe er heruntersprang.

»Gezz geht se richtich.«

»Im Uhrenverstellen haben Sie ja Erfahrung.«

»Watt solln dat heißen?«

»Dass Sie die Uhr am Tag, an dem Astrid ermordet wurde, eine Stunde zurückgestellt haben. Als Sie Ihren Spaziergang machen wollten und auf diesem Weg am Bahndamm auf das Mädchen trafen. Herr Gottschlich, ich habe mir die Mühe gemacht, mir Ihre Akte von neunzehnhundertvierzig herauszusuchen. Es gab da einen Überfall auf ein junges Mädchen. Sie wurden verurteilt und danach eingezogen. Wahrscheinlich weiß Ihre Frau nichts davon ... Von der Mangelstube aus hat man einen weiten Blick, da konnten Sie sehen, welche Richtung Astrid nahm. Nach der Tat kamen Sie in den Laden, um brav Ihrer Frau zu helfen. Die sagte, dass sie drei Minuten vor drei hier war und Sie schon vorfand. Später haben Sie in einer unbeobachteten Minute die Uhr wieder vorgestellt. Und genau deshalb ging der Nachmittag für Ihre Frau so schnell vorbei.«

Frau Gottschlich wurde blass. »Deshalb?« Sie schluckte, fragte leise: »Und was war das neunzehnhundertvierzig? Davon höre ich zum ersten Mal.«

»Halt dat Maul, Hermie.«

»Und heute drehen Sie wieder am Zeiger. Warum wohl? Ein großer Fehler. Ich werte es schon mal als Schuldeingeständnis. Warum sollten Sie es sonst getan haben?«

»Nur weil die Anna Puff anne Uhr rumgemacht hat, nur deshalb habe ich sie wieder in Ordnung gebracht. Blöde Weiber, fummeln überall rum. Kann wohl nicht die Uhr lesen.«

»Anna? Die war doch heute gar nicht da!«, sagte Hermi.

Gottschlich sah draußen Anna Puff und stieß wütend seinen Zeigefinger in ihre Richtung.

»Hören Sie genau hin!«, forderte ihn Alfred auf, während die Glocken der Petrikirche vier Uhr schlugen. Gottschlich sah auf die Wanduhr. Sie zeigte die fünfte Stunde dieses Nachmittags an.

»Ihre Armbanduhr ist verstellt«, erklärte Alfred. »Das haben wir auf dem Revier gemacht, um zu sehen, wie Sie es mit der genauen Uhrzeit halten.«

Gottschlich raste durch die offene Hintertür. Der Kommissar blieb stehen. Wartete. Kurz darauf war ein lautes Schimpfen zu hören. Schnittger kam mit Gottschlich zurück. Jetzt trug er glänzende Achter, Handschellen. »Ich habe einen Wagen angefordert. Wie gut, dass die Mangelstube ein Telefon hat.«

»Ihr Einfall mit der Uhr ist gleichzeitig Ihr Verhängnis«, stellte Alfred fest. »Mord! Vergewaltigung! Dafür werden Sie sehr lange hinter Gittern sitzen. Seien Sie froh, dass bei uns schon neunundvierzig die Todesstrafe abgeschafft wurde.«

Hermi drehte sich um und schlug die Hände vor das Gesicht. Gottschlich blickte zur Uhr.

Alfred nickte Schnittger zu. »Wir können. Die grüne Minna fährt gerade vor.«

*Monika Detering / Horst-Dieter Radke*

## Alfred und die Nicolets

*1954*

»Die Düsen?«, fragte Helga.

»Die Düsen!«, sagte Eberhard, als er hinter der geöffneten Motorhaube auftauchte.

»Mädels, beschäftigt euch ein bisschen. Zwanzig Minuten, halbe Stunde brauch ich schon, bis wir weiterkönnen.«

»Hätten wir bloß keine Pause gemacht«, seufzte Gisela.

»Aber der Kaffee hat uns doch auch gutgetan«, widersprach Helga zwei.

»Aber seht doch«, rief Henny. »Da hinten, da an der Ecke, ist ja ein Kaufhaus. Los, wir gucken, was es Neues gibt. Meine Handtasche ist noch vom letzten Jahr. Damit« – sie hielt die kleine hellbraune Tasche hoch – »kann ich nicht mehr unter die Leute.«

»Ich komme nicht mit«, sagte Helga eins. »Ich geh lieber zurück in die Gastwirtschaft und bestelle mir noch eine Tasse Kaffee.«

»Ich auch«, sagte Gisela.

»Zehn Uhr dreißig«, sagte Helga eins. »Dann treffen wir uns hier wieder bei Eberhard und dem Steyr.«

»In Ordnung«, rief Henny, fasste Helga zwei unter und beide zogen in Richtung Kaufhaus ab.

»Und ich kann mal wieder mit schmutzigen Händen den Laden am Laufen halten«, stöhnte Eberhard.

»Wer ist denn hier der Chef«, lachte Helga eins, und lief dann schnell mit Gisela über die Straße. Dackel Hexe, vollwertiges Familienmitglied, wackelte hinterher.

***

Zwei Damen stürmten durch die hastig aufgerissene Tür herein. Angeklopft hatten sie nicht. Ein Dackel flitzte hinterher. Alfred schaute ärgerlich auf – aber seine Gereiztheit verflog schnell, als er die beiden hübschen Frauen sah. Bevor er etwas sagen konnte, stand Rosemarie Stankowski schon auf.

»Meine Damen«, sagte sie mit strenger Stimme. »Sie können doch hier nicht einfach reinplatzen? Was denken Sie, wo Sie sind?«

»Bei der Polizei?« fragte Helga eins.

»Ja doch, aber ...«

»Ach bitte, Sie müssen uns helfen. Eine Katastrophe ist passiert.«

»Wir stehen quasi vor dem Abgrund«, sagte die andere, die Henny hieß.

»Wenn nicht gleich etwas passiert, müssen wir vier in dieses Gewässer springen, in diesen scheußlichen, schmutzigen ...«

»Sagen Sie nichts gegen die Ruhr!«, warnte Jürgen Schnittger. »Die Mülheimer könnten Ihnen solche Sprüche übelnehmen. Und überhaupt, Sie sagen vier. Aber wenn ich nachzähle, dann sind Sie nur zu zweit. Oder zu dritt, wenn ich das Hündchen mitzähle.«

»Herr Kommissar«, sagte Helga eins. »Wir sind nicht zum Scherzen aufgelegt. Wenn wir Witze machen wollen, gehen wir nicht unbedingt zur Polizei.«

»Meine Damen«, mischte sich Alfred ein. »Worum geht es? Wurde jemand ermordet?«

»Noch nicht«, sagte Henny. »Aber wenn wir nicht schnell unsere Noten zurückbekommen, dann passiert einer.«

»Noten?« fragte Rosemarie Stankowski. »Banknoten?«

»Schmuck und Geld sind auch weg«, sagte Henny. »Aber das wichtigste sind unsere Lieder, unsere Arrangements. Die alten können wir auswendig, die sind kein Problem. Aber wir üben gerade auch an unserem neuen Programm, und das geht nicht ohne die Noten.«

Alfred wurde hellhörig.

»Setzen Sie sich bitte und erzählen Sie uns genau, was passiert ist.«

Rosemarie verdrehte die Augen. Jürgen setzte sich wieder an die Schreibmaschine und tippte weiter an seinem Bericht.

»Setzen?«, sagte Helga eins. »Wir können uns jetzt nicht setzen. Wir müssen die Notendiebe finden. Sofort. Sonst gibt es eine Katastrophe.«

»Nun sagen Sie doch, wo hat man sie Ihnen gestohlen?«, fragte Alfred.

»Aus unserem Auto. Kommen Sie, wir zeigen es Ihnen. Und dann fangen Sie schnell den Dieb.«

Alfred seufzte, stand auf und griff nach seiner Jacke.

»Chef«, wandte Rosemarie ein. »Das ist nichts für uns. Soll ich die Sängerinnen nicht zu den Kollegen von Raub und Diebstahl bringen?«

Alfred schüttelte den Kopf.

»Ich wollte gerade Mittagspause machen und sehe mir das an. Ehe unsere Künstlerinnen alles noch mal erzählen müssen.«

Schon war er aus der Tür. Die Sängerinnen hatten ihn in die Mitte genommen, was ihm gut gefiel. Der Hund wackelte hinterher.

»Typisch« sagte Rosemarie und sah zu Jürgen hin, »kaum schauen ihn Frauenaugen bittend an, wird er weich, der ansonsten ach so harte Kommissar.« Verbissen tippte Jürgen seinen Bericht weiter. »Und wir haben noch nicht mal ihre Namen.«

***

Alfred staunte.

»Ein Steyr 200 Cabrio – wo haben Sie den her?«

Die vier Frauen lachten.

»Legal erworben. Sie müssen uns nicht wegen Autodiebstahl verhaften.«

»Und er fährt?« Dabei wies er mit dem Kopf zu Eberhard Nickel hinüber.

»Das ist unser Chef und Pianist«, sagte Helga zwei. Alfred konnte die Frauen nicht auseinanderhalten, weil sie für ihn ziemlich gleich aussahen. Gleich schön, dachte er.

»Ich fahre«, sagte Henny. »Ich bin die Einzige von uns, die einen Führerschein hat.« Sie hielt ihn Alfred hin.

»Aber bitte, meine Damen. Ich vertraue Ihnen doch. Außerdem gehöre ich nicht zur Verkehrspolizei und nehme keine Kontrollen vor. Erzählen Sie endlich, was passiert ist.«

Jetzt redeten alle durcheinander. Der Schmuck war weg, das Geld auch und vor allem: Die Noten waren weg. Und keine hatte etwas bemerkt. Sie hatten Kaffee getrunken und sich im Kaufhaus aufgehalten. Alfred sah sich um. Der Wagen stand in der Nähe einer Seltersbude. Viel los war hier nicht. Den Seltersbudenbesitzer wollte er erst einmal nicht befragen. Der war sozusagen ständig anwesend und lief auch nicht weg. Auf der anderen Straßenseite standen fünf Jungs und sahen interessiert herüber. Alfred überquerte die Straße.

»Na? Seid ihr beim Knickern?«

Er hatte die Murmeln entdeckt, die sie in der Hand und auch in kleinen Beuteln trugen. Alle nickten, aber keiner sagte etwas. Alfred zog seine Polizeimarke hervor. Sie war noch neu, gerade frisch eingeführt.

»Ich bin Polizeikommissar.« Er hielt den Bengeln die Marke vors Gesicht.

Die schauten sich die Plakette interessiert an.

»Kri-mi-nal-po-li-zei« entzifferte einer.

»Dann sind Sie kein Schupo?« fragte ein anderer, der schon etwas älter schien. Alfred schätzte sie so zwischen neun und elf Jahre.

»Hamse auch ne Pistole?«

Alfred nickte und klopfte auf seine Tasche.

»Könn wa die ma sehn?«

»Jetzt nicht«, sagte Alfred. »Später vielleicht. Jetzt muss ich einen Fall klären und vielleicht könnt ihr mir dabei helfen.«

»Wir?« fragten sie alle im Chor und schauten ihn neugierig an.

»Knorke«, sagte der Ältere. »Um wat geht et denn?«

»Das Auto dort drüben, ihr habt es doch sicher bemerkt?«

»Toller Schlitten«, sagte einer anerkennend. »Aber fährt nicht. Der Mann da hat eine Weile daran rumgeschraubt.«

»Und dann?«

»Is er rüber inne Gastwirtschaft.«

»Was passierte dann?«

Die Jungs sahen sich an, nickten einander zu und der ältere antwortete wieder.

»Dann is der Olle ausse Bude rüber zu den Auto un hat wat rausgeholt und inne Bude geschleppt.«

Alfred strahlte.

»Jungs, ihr seid klasse. Habt ihr schon mal was von Emil und den Detektiven gehört?«

Jeder wollte erzählen, dass er den Film gesehen hatte. Einer wollte sogar das Buch gelesen haben. Alfred nickte anerkennend.

»Genau solche Detektive brauche ich jetzt. Wollt ihr mir weiterhelfen?«

»Klar!«, sagte der Ältere. »Wo wa gezz schon so weit mit drinhängen. Is gebongt!«

»Dann geht ihr jetzt rüber zur Bude und klaut was, aber so, dass es bemerkt wird.«

Die Jungs sahen sich an und schüttelten den Kopf.

»Klauen? Ne, dat kommt nich inne Tüte. Dann vahaften Se uns auf frische Tat oda wie dat heißt un wir kommen int Kittchen.«

»Wenn ich euch sonst beim Klauen erwische, dann ja«, sagte Alfred, ohne die Miene zu verziehen. »Aber heute macht ihr das in meinem Auftrag. Sozusagen in den

Diensten der Polizei. Ich will, dass der Mann aus der Seltersbude rauskommt und euch hinterherläuft.«

»Ach so«, rief der Ältere erleichtert und grinste pfiffig. »Wir solln den weglocken. Dat geht.«

»Und er darf euch natürlich nicht erwischen. Schafft ihr das?«

Alle riefen, »Na klar« oder »Uns donnich.«

»Dann geht ihr jetzt die Straße auf dieser Seite ein Stück zurück und überquert sie dort, wo man es von der Bude aus nicht sehen kann. Dann kommt ihr wieder und erledigt euren Auftrag.«

Die Jungs sammelten die Murmeln, die noch am Boden lagen, schnell ein und zogen ab. Alfred ging zum Auto und sagte laut und überdeutlich:

»Nein, nichts zu machen. Keiner hat was gesehen, noch nicht mal die Kinder.«

Alle sahen ihn erschrocken an.

»Herr Kommissar – das ist nicht Ihr Ernst?«

»Doch. Leider.« Alfred redete wieder überlaut. Aus den Augenwinkeln bemerkte er, dass in der Schalteröffnung der Seltersbude ein Gesicht erschien und sofort wieder verschwand.

»Da hätten Sie besser die Polizei gleich von der Gastwirtschaft dort drüben angerufen. Während Sie zu mir kamen, verstrich wertvolle Zeit. Jetzt ist der Dieb über alle Berge. Vermutlich ist der noch nicht einmal mehr in Mülheim. Die Noten hat er sicher in die Ruhr geworfen und Ihren Schmuck wird er in Duisburg, Düsseldorf oder Köln versetzen. Vielleicht schon heute, ganz sicher morgen.«

»Du bist schuld!« sagte Gisela ärgerlich und wies auf Heinz Nickel.

»Ja«, sagte Helga zwei. »Wärst du beim Wagen geblieben, wäre das Ganze nicht passiert.«

»Nun mal sachte, Mädels! ich hatte vom Reparieren ganz ölige Hände, die musste ich mir doch waschen. Ihr musstet nicht in alle vier Himmelsrichtungen davonlaufen und mich allein lassen.«

»Jetzt sind wir schuld?«, riefen Helga und Henny. Der Streit ging weiter. Alfred achtete nicht mehr darauf. Er sah die Kinder auf dieser Straßenseite wieder zurückkommen. Zuerst gingen sie auffallend laut pfeifend an der Bude vorbei. Dann ging der Ältere zurück und fragte nach Zigaretten. Aus der Bude kam lautes Schimpfen. Alfred verstand nur was von ›verschwinden‹. Nun kamen die anderen vier zur Bude zurück, griffen blitzschnell zu, schnappten sich, was sie auf die Schnelle greifen konnten, und rannten weg. Nur der ältere Junge blieb stehen. Die Tür an der Seite der Bude flog auf, ein Mann stürmte heraus und griff sich den Jungen, der stehen geblieben war.

»Ich kenn die nich«, sagte der Junge. »Lassen Se mir los.«

Der Mann schaute ihn verblüfft an, sah, wie die anderen wegrannten, ließ den Jungen los und wetzte laut auf die ‚Jäuster' schimpfend hinterher. Alfred nickte dem Jungen zu und ging in die Bude, schaute sich um und entdeckte in einer Ecke das Lederköfferchen, das hier ob seiner Eleganz nicht hinzupassen schien. Genau so hatten es die Künstlerinnen ihm beschrieben. Alfred rührte nichts an und verließ die Bude wieder.

»Komm mal her«, rief er dem Jungen zu, der sofort zu Alfred kam.

»Wat gefunden?«

Alfred nickte. »Wie heißt du?«

»Karl-Heinz. Sie dürfen Kalle sagen.«

»Kalle, du rennst, so schnell du kannst, in die Von-Bock-Straße zur Polizeiwache. Kennst du die?«

»Kenn ich«, bestätigte der Junge.

»Dort gibst du dies hier ab.« Alfred hatte seinen Notizblock hervorgezogen und schnell ein paar Anweisungen aufgeschrieben.

»Und damit man dort keine langen Fragen stellt, nimmst du meine Polizeimarke mit.«

Er gab beides – Zettel und die ovale Metallmarke – dem Jungen, der es ehrfürchtig in Empfang nahm.

»Sag, dich schickt Kommissar Poggel und die Aktion muss sehr schnell gehen. Kannst du dir das merken?«

»Kommissar Poggel – muss schnell gehen!« wiederholte der Junge im Telegrammstil.

»Und jetzt ab!« Der Junge wetzte davon.

Alfred ging pfeifend zum Auto.

»Jetzt pfeifen Sie auch noch! Pfeifen Sie uns aus?«, rief Helga eins und sah ihn entrüstet an.

»Der Sankt-Louis-Blues«, sagte Eberhard Nickel und nickte anerkennend. Alfred hörte auf zu pfeifen.

»Alles wird gut!«, sagte er und lächelte.

***

»Wat soll ich inne Bude haben?«

Arno Kottmann, Besitzer der Seltersbude, schaute den Schutzmann entgeistert an. Alfred hatte, um nicht allzu viel Aufsehen zu erregen, einen Polizisten von der Trachtengruppe angefordert und der wurde mit einem besonderen Auftrag an der Bude vorstellig.

»Wir haben konkrete Hinweise, dass Sie verbotenes pornografisches Material verkaufen, und das auch noch an Jugendliche.«

»Dat ist ja unerhört. Dat ist Rufmord. Ich will wissen, wer mich da bei de Polente angeschwärzt hat. Pornografie anne Seltersbude – hat man so etwas schon ma gehört?«

»Herr Kottmann – sollten Sie eine reine Weste haben, wird sich das schnell herausstellen. Dann können wir auch gegen den Hinweisgeber vorgehen. So lange bleibt der aber anonym.«

»Reine Weste? Klar habe ich eine. Kommen Se rein, kommen Se rein und schaun selbs bei mich untere Theke, ob Se da wat Pornografisches finden. Da, anne Seite ist die Tür, kommen Se rein.«

Alfred schob sich hinter dem Schupo in die enge Kabause.

»Sehn Se hier wat rumliegen, wat nich darf, Herr Wachtmeister? Wo hab ich Fummelhefte liegen?«

»Da«, sagte der Polizist. »Dieser auffallende Koffer, machen Se den bitte auf.«

Kottmann schwieg.

»Was ist?«, fragte der Polizist.

»Dat is nich meiner. Ich weiß ganich, wie der da hingekommen is.«

»Koffer öffnen!«, schnauzte der Polizist den Budeninhaber an. Der rührte sich nicht. Da hob der Schupo den Koffer hoch, öffnete ihn und blickte auf Mappen und Schmuck. Er öffnete eine Mappe und fand darin handgeschriebene Notenblätter.

»Sehn Se«, sagte Kottmann geistesgegenwärtig. »Keene schmutzigen Sachen.«

Alfred verließ die Bude und rief Eberhard Nickel herbei. Der kam, schaute in die Bude und sagte sofort:

»Da ist ja unser Koffer, unsere Noten und der Schmuck unserer Mädels für die Auftritte.«

»Sie sind wegen Diebstahl festgenommen. Machen Sie den Rest«, wies Alfred den Polizisten an.

»Wat, ich soll ...« versuchte Kottmann einzuwenden, doch der Ordnungshüter klimperte schon mit den Handschellen und grinste verstohlen.

»Herr Kottmann, Sie können hier noch alles zumachen, oder Sie lassen das und es bedient sich jeder selbst, während Sie auf der Wache sind.«

Kottmann begann seinen Laden dichtzumachen. Alfred hatte mit Eberhard Nickel die Bude wieder verlassen. Die Frauen umringten die beiden.

»Und?«, fragte Helga eins. »Sind die Noten da?«

Alfred nickte.

»Wir konnten alles sicherstellen. Hoffe ich doch zumindest.«

»Den Umschlag mit dem Geld habe ich nicht gesehen«, sagte Eberhard Nickel.

»Der wird sich finden«, sagte Alfred. »Ohnehin muss der Koffer erst einmal mit aufs Präsidium. Das Corpus Delicti muss protokolliert werden. Dann unterschreiben Sie, dass Sie ihn zurückbekommen haben, und geben an, was möglicherweise fehlt. Ich spendiere den Damen noch eine Tasse Kaffee, dann kommen wir nach.«

Nickel, der Polizist und der inzwischen mit Handschellen fixierte Kottmann zogen ab, während Alfred sich den Sängerinnen zuwandte.

»Eine Tasse Kaffee?«, fragte Henny. »Meinen Sie, die reicht für uns alle?«

Alfred schmunzelte. »Es ist vielleicht auch noch eine zweite drin, möglicherweise sogar vier.«

»Sie haben vorhin so schön gepfiffen«, sagte Gisela. »Offensichtlich verstehen Sie etwas von Musik.«

»Als Schüler habe ich Kornett gespielt. Richtigen Jazz habe ich aber erst in den Zwanzigerjahren in Amerika kennen und spielen gelernt. Für eine kurze Zeit habe ich da sogar in einer Jazz-Combo mitgespielt und den jungen, damals noch unbekannten Bing Crosby begleiten dürfen.«

»Mister Crosby?«, rief Helga zwei. »Sie haben Bing Crosby getroffen?«

Alfred nickte. Mit routinierten Bewegungen stellten sich die vier auf und sangen:

»Oooooooh, Mister Crosby, uuuuhuu ...«

Alfred war von den Socken und wippte mit seinen schweren Schuhen im Takt mit. »Die Wille und die Nicolets. Warum sagt mir das denn keiner!«

Fast wäre er auf die Knie gesunken. Die vier brachen lachend ihren Gesang ab.

»Aber, aber, Herr Kriminalober- und -hauptkommissar, so schlecht können wir doch nicht gesungen haben, dass Sie uns hier zusammenbrechen.«

»Klasse war das. Dass ich Sie nicht gleich erkannt habe! Wie peinlich.«

Es wurde ein angeregtes Gespräch bei den fünf Tassen Kaffee, die Alfred samt Kuchen bestellt hatte. Deshalb kamen sie verspätet aufs Revier, wo Eberhard Nickel ungeduldig wartete. Den Umschlag mit dem Geld hatte man bei Kottmann in der Jackentasche gefunden, und endlich konnte die Wille-Truppe daran denken, weiterzureisen.

»Nach Essen«, sagte Eberhard Nickel. »Sollten Sie morgen Abend kommen, liegt eine Eintrittskarte für Sie bereit.«

Von Helga eins, Helga zwei, Gisela und Henny bekam er ein Küsschen, was Jürgen mit neidischem und Rosemarie mit verärgertem Blick quittierte.

*Hübsch sind sie alle*, dachte Alfred, und dass sie ihn an jemand erinnerten. Das Bild von Thekla tauchte in seiner Vorstellung auf. Es war ein Jahr seit ihrer Ermordung vergangen, und er vermisste sie noch immer. Eine Lücke in seinem Leben, die so nicht bleiben sollte. *Es müssen ja nicht gleich vier sein, dachte er. Eine würde schon reichen.*

*Horst-Dieter Radke*

## Schlaf, schlaf, schlaf …

*1955*

*Sie liegt so friedlich in ihrem Bett, die Hände über der Decke gefaltet. Wenn ich mal alt bin, dann möchte ich auch so sterben.* Rosemarie war ein bisschen ergriffen. Die Wohnung war in einem ordentlichen Zustand, sauber geputzt sogar. Alles stand auf seinem Platz. Die Blumen in der Vase waren frisch und das Wasser in der Vase auch, soviel konnte sie sehen.

»Wissen Se, ich komme ja aima die Woche um ihr bein gröbsten zu helfen«, sagte Frau Gablonski. »Dat wa schon so abgemacht seit Jahren. Aber dat meiste, dat hat die olle Erna noch allein gemacht. Fünfunachzich wa se und alle dachten, dat se noch die Hundert schafft. Gez isset doch früher vorbei. Schade auch. Die Erna Schabrowski, dat wa ne ganz feine.«

»Als sie heute kamen, lag die Frau schon so in ihrem Bett?«

»Erssma hab' ich geklingelt, dreima, vierma. Alze dann imma nonich aufgemacht hat, habe ich den Schlüssel genommen und bin rein inne Wohnung. Da lag Se dann so in Bett. Ja un dann hab ich gleich bei de Polizei angerufen. Soll man ja, wenn man wen findet, der nicht mehr am Leben tun is, oder?«

»Das haben Sie schon ganz richtig gemacht, Frau …«

»Gablonski, Doris Gablonski.«

*Der Amtsarzt muss kommen, dachte Rosemarie. Gerichtsmediziner wird nicht nötig sein.* Sie sah sich in der Wohnung um.

»Gibt's hier kein Telefon? Von wo haben Sie uns denn angerufen?«

»Ne, dat hatte Se nich. Telefon wollze sich zwa zulegen, aber Sie wissen ja, wie dat is. Erst wird lange überlegt und wenn dann beantragt wird, dann dauert dat bei die Post bis Ultimo. Sollte aintlich nächste Woche kommen, dat Te-

lefon. Nu isset zu spät. Wose gezz is, wird kein Anschluss gelecht. Aber wenn Se telefonieren müssen, Frau Hauptkommissarin, beim Nachbar, beim Otto Schulte, da hamse Telefon. Von da hab ich auch auffe Wache telefoniert.«
Rosemarie schickte Frau Gablonski nach Hause, nachdem Sie sich die Adresse notiert hatte. Dann ging sie zum Nachbarn, um den Amtsarzt anzurufen.

***

»Also doch kein normaler Tod, wer hätte das gedacht?« Rosemarie schaute auf den Bericht und wusste für einen Augenblick nicht, was sie denken sollte.

»Gib mal her«, sagte Jürgen. Rosemarie reichte ihm die zwei Blätter hinüber.

»Pen... Pentobara... nein Pento-barbital«, entzifferte er. »Sie ist vergiftet worden? Was ist das denn für ein Zeug.«

Rosemarie hatte auch keine Ahnung.

»Was jetzt?« fragte Jürgen. »Der Chef ist noch bis Ende nächster Woche auf Lehrgang. Sollen wir ihn zurückrufen?«

Rosemarie schüttelte den Kopf.

»Wieso denn? Wir sind doch da. Denn Chef rufen wir erst zurück, wenn wir nicht mehr weiterkommen oder wenn sonst nach was passiert und uns alles über den Kopf wächst.«

»Wir können uns Rückendeckung bei Heinermann holen«, schlug Jürgen vor. Rosemarie lief rot an. Auf den Staatsanwalt war sie gar nicht gut zu sprechen, aber das ging ihren Kollegen nichts an.

»Ich sehe keinen Grund dafür«, sagte sie knapp. »Komm, wir gehen in die Pathologie. Zitatenritchie wird uns das erklären müssen.«

***

»Was das ist? Pentobarbital? Ein gutes altes Schlafmittel. Hundert, höchstens zweihundert Milligramm und man schläft den Schlaf des Gerechten.«

Zitatenrichi tat wie immer sehr aufgeräumt.

»Ach, dann kann man das einfach in jeder Apotheke kaufen?« fragte Jürgen.

»Ne«, lachte der Pathologe. »Heute nicht mehr. Das mit dem schnellen und tiefen Schlaf ist ja nur die eine Seite. Die andere heißt psychische und körperliche Abhängigkeit. Und wenn man zu viel davon nimmt, dann schläft man hinüber in den Tod. Es kann zwar noch verschrieben werden, die Ärzte sind damit aber vorsichtig geworden.«

»Ich habe gehört, dass der Tod durch Schlafmittel nicht so leicht sei«, fragte Rosemarie. »Das man friedlich einschläft ist ja angeblich gar nicht möglich.«

»Das stimmt. Aber eben nur für die handelsüblichen Schlaftabletten und Mittelchen. Da sind Beimischungen vorhanden, die den Patienten erbrechen lassen oder sonst auf irgendeine Weise beeinträchtigen. Man will das ja unterbinden. Frei verkäuflich ist Pentobarbital bei uns nicht, in der Humanmedizin verwendet man es immer seltener. In der Tiermedizin wird es allerdings eingesetzt, wenn man Tiere einschläfern will. Sie schlafen nach wenigen Minuten ein und sterben etwa 15 – 20 Minuten später an Atemlähmung. Ohne Schmerzen, ohne Krämpfe. Sie schlummern einfach in den Tod. So war es auch bei dieser alten Dame. Deshalb ihr Lächeln. Sie dachte, dass ihr jemand noch etwas Gutes getan hat. Und dieser Jemand hat ihr vermutlich dann auch noch die Hände gefaltet, in der Wohnung aufgeräumt und das Geschirr weggespült. Vermutlich war das Mittel in einem Getränk oder einer Speise beigemischt.«

»Und das erkennt man so einfach, wenn jemand daran gestorben ist? So wie der Mandelgeruch bei Blausäure oder …«

»Nein, so einfach ist das nicht. Da hat der Arzt, der den Totenschein ausstellen sollte, einfach gut aufgepasst.

Manch anderer hätte sich nichts dabei gedacht. Er fand das mit den gefalteten Händen merkwürdig und das nichts auf Infarkt oder Gehirnschlag hinwies. Alte Leute sterben auch schon mal so, aber der Dr. Stinnes, der ist nicht umsonst Amtsarzt. Sicherheitshalber hat er mir die Leiche auf den Tisch gelegt und wenn bei mir schon mal was liegt ...«.

»Wir müssen dann«, sagte Rosemarie, die wusste, dass er kein Ende finden konnte, wenn er mal richtig loslegte.

»Komm Jürgen, Mörder suchen!«

***

Feierabend ist längst vorüber, doch noch sitzen Jürgen Schnittger und Rosemarie Stankowski im Büro und schweigen sich an. Jürgen hat den Kopf in seine Arme auf dem Schreibtisch versenkt. Rosemarie hat die Beine hochgelegt. Ihre Stiefel mit den halbhohen Absätzen wiesen mit ihren Spitzen zur Zimmerdecke. Dreck rieselte von den Sohlen auf den Schreibtisch.

*Der Chef würde Schreikrämpfe bekommen*, realisierte Rosemarie, fühlte sich aber sicher, da Alfred Poggel weit weg auf einem Fortbildungsseminar war.

»Wir müssen ihn doch anrufen«, brummte Jürgen, ohne den Kopf zu heben oder seine Lage zu verändern. Rosemarie nahm die Füße vom Tisch, wischte den Schmutz mit dem Ärmel von der Schreibtischplatte und sagte:

»Kommt gar nicht in Frage. Das werden wir doch wohl noch ohne ihn hinbekommen.«

»Und? Was haben wir bis jetzt?«

Jürgen richtete sich auf und sah seine Kollegin an.

»Auch im weiteren Umfeld der ermordeten Frau ist kein Tierarzt oder jemand aus einer Tierarztpraxis zu finden. Nirgendwo in Deutschland ist ein Diebstahl von Natrium- Pentobarbital aktenkundig. Bei möglichen Motiven sieht es nicht besser aus. Außer zwei Sparbüchern mit überschaubaren Beträgen hat die Frau kein Vermögen.

Die Tochter gibt an, den Rest – nach Abzug der Bestattungskosten – für die Caritas spenden zu wollen. Wie wir einschätzen, wird wenig mehr als 100 DM übrig bleiben. Die Frau fiel niemandem zur Last, war überall beliebt. Wer sollte einen Grund gehabt haben, sie umzubringen?«

»Das wissen wir noch nicht, aber wir werden es schon noch herausbekommen.«

Jürgen schüttelte den Kopf.

»Bist du schon mal auf die Idee gekommen, dass die Frau vielleicht nicht mehr leben wollte? Immerhin war sie schon sechsundachtzig Jahre alt.«

»Fünfundachtzig.«

»Egal – jedenfalls schon sehr alt. Die hatte zwei Kriege mitgemacht und so wie es aussieht, ist der nächste Krieg auch nicht mehr allzu fern. In Deutschland haben wir wieder eine Armee. Letztlich wurde die Luftwaffe um amerikanische Kampfbomber aufgerüstet ... wie hießen die noch mal? Starfighter ... Die Chinesen dringen schon in Indien ein, in Südafrika erschießen sie Menschen auf offener Straße, in Südamerika brodelt es, in Südostasien ist nach dem Koreakrieg immer noch nicht wirklich Ruhe eingekehrt. Man kann noch nicht sagen, wo, aber dass der nächste Weltkrieg kommt, das kann man sagen. Vielleicht hat das die Frau auch so gesehen und sich gesagt, dass sie das nicht noch einmal erleben will.«

»Möglich« sagte Rosemarie. »Aber ich glaube das nicht. Wenn konkret ein neuer Krieg gedroht hätte oder gerade ausgebrochen wäre, dann wäre das für mich eine überzeugende Theorie. So aber nicht. Da hat jemand gemordet, dass ist offensichtlich. Warum müssen wir noch herausbekommen, dann wissen wir auch ganz schnell, wer es war.«

***

»Sieh an, die Stankowski hat schon meinen Platz übernommen!«

Rosemarie Stankowski öffnete ihre Augen und verharrte vor Schreck noch ein paar Sekunden in ihrer Haltung – auf Alfred Poggels Bürostuhl, die Beine hochgelegt auf seinen Schreibtisch. Dann nahm sie die Füße schnell herunter und sprang auf.

»Chef?! ... Schon zurück?«

»Ja, mich habt ihr nicht erwartet. Nicht wahr?«, sagte Alfred, schloss hinter sich die Tür und hängte seine Jacke an den Haken. »Kaum ist man aus dem Haus, tanzen die Mäuse auf dem Tisch.«

Dann sah er zu Jürgen Schnittker. Der hatte immer noch den Kopf auf der Schreibtischplatte und gab leise Töne von sich, die als Vorstufe eines drohenden Schnarchsolos vermutet werden konnten. Alfred ging hin, fasste Jürgen mit der linken Hand in sein volles Haar, hob den Kopf einer bisschen an und ließ ihn auf die Tischplatte fallen.

»Au! ... Was ist denn ...« klagte Jürgen und richtete sich auf.

»Chef?! ... Schon zurück? ... Der Lehrgang sollte doch bis morgen gehen? ... Oder habe ich solange geschl...«. Jürgen sah irritiert zum Kalender.

»Vorzeitig entlassen!«, knurrte Alfred. »Wegen guter Führung.«

Er wollte sich auf seinen Stuhl setzen, hielt jedoch an und zeigte mit seinem Finger auf die Tischplatte. Rosemarie verstand, ging schnell hin und wischte den Dreck herunter, den ihre Stiefel hinterlassen hatten. Dann setzte sich Alfred, klappte seine Aktentasche auf und warf einen Umlaufordner auf den Tisch.

»Zwei Berichte habe ich schon. Zunächst den von meiner Vermieterin und ihrer Freundin Doris Gablonski. Die saßen bei Kaffee und Kuchen, als ich gestern zurückkam. Die Damen hatten nichts Besseres zu tun, als mich gleich mit diesem ‚aufgeklärten Mordfall' zu konfrontieren. Von meinen tollen Mitarbeitern, die so ein schönes Paar abgeben würden, wie beide versicherten.«

Jürgen und Rosemarie sagten nichts.

»Ich will hoffen, dass da nichts dran ist«, sagte Alfred und sah Jürgen an. »Du bist verheiratet und hast zwei Kinder. Ich will in meiner Amtszeit nicht erleben, dass du mit Kolleginnen ein Techtelmechtel beginnst und deine Familie zerstörst.«

»Chef ...«, wollte Jürgen aufbegehren, doch Alfred wischte seinen Einwand mit einer Handbewegung beiseite.

»Und die Kollegin hat hoffentlich so viel gelernt, dass sie Fehler nicht wiederholt.«

Rosemarie wurde rot. *Wehe, der sagt was. Wenn der nicht seine Klappe halten kann, dann weiß ich auch was.*

Alfred schien ihre Betroffenheit nicht zu bemerken.

»Ich habe mir abends den Bericht geholt und gelesen. Ihr erzählt mir jetzt, was nicht im Bericht steht. Vor allem will ich wissen, wer von euch beiden für die Aufklärung verantwortlich ist. Darum habt ihr euch im Bericht prima herumgemogelt.«

Beide zeigten spontan auf den anderen.

»Sind wir hier in der Grundschule und reden über eine zerbrochene Fensterscheibe?«

»Jürgen hatte die richtige Eingebung«, sagte Rosemarie.

»Wenn Rosy nicht so hartnäckig darauf bestanden hätte, den Chef in Ruhe auf seiner Fortbildung zu lassen, dann wäre ich nie zu einer Eingebung gekommen.«

»Von vorne«, sagte Alfred ungerührt. »Von da ab, wo ihr fast den Fall vermasselt habt, weil ihr nur an den Amtsarzt dachtet. Wenn der kein helles Köpfchen gewesen wäre und die Leiche dem Zitatenrichie präsentiert hätte, lief der Mörder noch heute unbehelligt herum.«

*Ich möchte mal wissen, wie der Chef reagiert hätte*, dachte Rosemarie verärgert. Sie ließ sich allerdings nichts anmerken und begann:

»Es sah zunächst nicht gut aus. Wir hatten keine Spur, keine Verdächtigen und noch nicht einmal ein Motiv. Jürgens Überlegung, ob es nicht möglicherweise ein Selbstmord der alten Dame gewesen sein könnte, schien gar nicht so abwegig zu sein. Aber es ergab bei näherer Überlegung keinen Sinn und so bemühten wir uns weiter. Zunächst ohne Ergebnis. Genau genommen können wir für die Aufklärung gar nichts, denn wenn nicht die Tochter der alten Schabrowski zu uns gekommen wäre, dann hätten Sie doch noch einen Anruf bekommen. Zumindest war es kurz davor.«

Rosemarie Stankowski machte eine kleine Pause und erzählte dann weiter.

»Frau Schimmel, die Tochter von Frau Schabrowski hatte beim Auflösen der Wohnung in einer Schublade ein Schulheft gefunden, in der die alte Frau ganz viele Zahlenreihen geschrieben hat. Sie konnte sich das nicht erklären, und dachte, dass es vielleicht bei der Aufklärung des Mordes helfen könnte.«

»Sie finden das Heft in den Unterlagen, Chef«, sagte Jürgen. Alfred schaute in die Mappe und holte dann ein altes, schwarzes Schulheft heraus. Er schlug es auf und sah lange Zahlenreihen in einer schnörkeligen Handschrift.

»Vor diesen Zahlenreihen haben wir lange gesessen und konnten uns das nicht erklären.«

»Da hätte ich auch meine Schwierigkeiten gehabt«, gab Alfred zu. »11,5,57,21,3,22,5 – da hätte ich zuerst an Lottozahlen gedacht, aber es ist eine zu viel dafür und es kommen Zahlen doppelt vor, also kann es das nicht sein.«

»Stimmt«, sagte Rosemarie. »Lotto, Totto – das haben wir alles durchgespielt. Aber das war es nicht. Bis dann Jürgen auffiel, dass die Zahlen zwar alle durcheinander standen – in einer Reihe – dass aber untereinander sich eine gewisse Regelmäßigkeit ergibt. Da hatten wir dann schnell heraus, dass es sich um das Datum plus zwei Uhrzeiten handeln musste. Diese ganzen Reihen gehen über mehr als zwei Jahre. Außerdem sind noch ein paar Besonderheiten zu beachten. Einige Zeilen sind in roter Farbe geschrieben, so etwa ab der zweiten Seite. Hinter den Zahlen finden sich verschiedene Punkte. Mal nur einer, oft aber zwei oder drei, nur selten vier oder fünf. Jürgen meinte dann, dass es sich vielleicht um Besucher handelt und die roten Zeilen um besondere Besucher. Wie sehr wir damit schon an der Lösung dieses Falls waren, haben wir aber erst später erkannt.«

»Vorher mussten wir noch ein paar Haken schlagen«, sagte Jürgen. »Wenn die Schabrowski irgendetwas beobachtet hat, dann wird sie sich vielleicht jemanden mitgeteilt haben. Wir überlegten, ob wir den Nachbarn fragen, entschlossen uns aber, zuerst diese Frau Gablonski anzusprechen. Abgesehen davon, dass sie uns gerufen hat, als sie die Tote fand, war die bislang äußerst unergiebig gewesen. Redet viel und lang, aber nichts Gescheites, wenn Sie wissen was ich meine.«

Alfred nickte.

»Nun hatten wir aber gezielte Fragen und trauten uns vor. Und siehe da – plötzlich wusste sie was. Die Schabrowski hatte den Nachbarn, Otto Schulte, schon länger beobachtet und verdächtigte ihn, Kinder zu verkaufen. Es kämen immer wieder Eltern und brachten Kinder – die roten Zeilen – und dazwischen kamen alle möglichen andere Leute, meist spät abends oder nachts. Die Gablonski hatte sie nicht ernst genommen, weil sie den Otto Schulte für einen seriösen Mann hielt. Weil er im Gesangsverein den Bariton sang und eigentlich sehr gesellig war. Die alte Frau war auch auf der Wache und hat versucht Anzeige zu erstatten, doch da hat man sie ebenfalls nicht ernst genommen. Das Männer und Frauen spät abends kommen und gehen, das wäre nicht verdächtig, sagten sie. Außerdem seien in Mülheim keine Kinder verschwunden. Auch dort kümmerte sich niemand – bis letzten Monat. Da gab es Neuzugang in der Mannschaft und die war gerade im Dienst, als die alte Frau Schabrowski wieder mal vorbeikam und Meldung machte. Der junge Polizeiobermeister Drews ging pflichtschuldig bei Otto Schulte am Nachmittag vorbei, verhörte ihn in seiner Wohnung und erzählte ihm von den Anschuldigungen einer Dame, die er nicht nennen wolle. Der Schulte gab sich jovial, hat aber wohl eins und eins zusammengezählt und mit der Dame seine Nachbarin in Verbindung gebracht. Da war ihr Todesurteil beschlossen.«

»Das Problem war nur«, erzählte Rosemarie weiter, »dass wir nichts hatten, was eine Festnahme rechtfertigen konnte. Wir hatten zwar endlich einen Verdacht und ein mögliches Motiv, aber mehr auch nicht. Eine Überwachung hätten wir ebenfalls nicht genehmigt bekommen, also beschlossen wir, selbst aktiv zu werden. Rosemarie und ich schoben nach Dienstschluss Wache vor dem Haus. Wir wussten ja, dass der fragliche Besuch immer erst spätabends oder nachts kam. Nie vor 20 Uhr und nie nach 24 Uhr – das gaben die Aufzeichnungen her. Da mussten wir uns auch nicht abwechseln, sondern konnten gemeinsam das Haus überwachen. Problematisch war, dass wir zwar unten sahen, wer reinging, aber dann nicht feststellen konnte, wer im Haus welche Wohnung besuchte. Rosemarie versteckte sich deshalb im Hausflur, eine Treppe über der Wohnung von Otto Schulte. Ich stand im Hauseingang schräg gegenüber und hielt den Eingang im Auge. Verabredet war, dass Rosemarie dreimal mit ihrer Taschenlampe aus dem Flurfenster blinkte, wenn der Besuch in Schultes Wohnung war und zweimal, wenn er sie wieder verließ. Wir griffen nicht sofort zu, sondern ließen zwei Besucher ungeschoren davonkommen. Beim dritten Mal schnappten wir uns den Mann, als er das Haus wieder verließ und nahmen ihn mit zur Wache. Dort fanden wir bei ihm ein Päckchen pornographischer Bilder – mit Kindern.«

»Ist ja nicht zu fassen«, sagte Alfred.

»Die Bilder sind auch in der Mappe«, sagte Jürgen.

»Ich weiß. Noch einmal schaue ich mir die nicht an.«

»Das hätte schon gereicht, den Schultes festzusetzen. Wir hatten die Aussage, dass der die Bilder verkaufte und in der Szene dafür bekannt war. Doch nach den Behauptungen der alten Frau wurden ihm ja auch Kinder gebracht und auch der Mann, den wir verhaftet hatten, sagte, dass einige der Bilder von Schultes selbst fotografiert seien. Dabei wollten wir ihn überraschen. Der Mann blieb erst einmal in Haft – Staatsanwalt Heinermann war sehr kooperativ – und wir legten uns wieder auf die Lauer. Für den Fall, dass tatsächlich Kinder ins Spiel kamen, hatten wir schon ein Einsatzkommando in der Hinterhand und eine Kinderpsychologin in Bereitschaft. Drei Tage mussten wir uns gedulden, zwei Bilderkäufer davonkommen lassen, dann tauchten eine Frau und ein Mann mit einem kleinen Mädchen auf. Sobald die im Haus waren, Rosy das Blinkzeichen gegeben hatte, war ich an der Telefonzelle zwei Straßen weiter. Als wir, zwanzig Minuten, nachdem die Leute die Wohnung von Schultes betreten hatten, vor der Tür standen und sie aufbrachen, fanden wir im Wohnzimmer ein nacktes, weinendes siebenjähriges Mädchen vor, einen nackten Mann und Otto Schultes, der mit seiner Kamera Fotos von diesem Missbrauch machen wollte. Gottseidank war der noch nicht weit gediehen. Sie hatten das Mädchen zunächst leicht sediert – mit einer geringen Dosis Pentobarbital. Nie mehr als 50 mg versicherte Schulte bei der Vernehmung. Die Frau – die Mutter des Mädchens – saß in der Küche und las Modezeitungen. Wir haben alle verhaftet. Heinermann meint, dass keiner von denen ungeschoren davonkommt. Schulte hat, in der Hoffnung auf Strafminderung, eine ganze Menge Namen herausgerückt. Heinermann sagte aber, dass der froh sein kann, wenn er keine Strafmehrung bekommt. Der Mann, der mit der Mutter und dem Kind gekommen war, ist nicht der Vater, sondern der Geliebte der Frau. Einer der Geliebten der Frau.«

Rosemarie lehnte sich zurück.

»So war's Chef und die Details stehen ja im Bericht.«

»Und wie hat er es gemacht? Wie ist er an das Zeug gekommen?

»Schulte schlich sich in die Wohnung, als die Gablonski da war«, berichtete Jürgen. »Er schaffte es, in die Küche zu gelangen, ohne gesehen zu werden und schüttete das Mittel in den Tee, den die alte Frau jeden Abend trank. Da es ein Magentee war, fiel der leicht bittere Beigeschmack nicht auf. Später in der Nacht, die Schabrowski war sicher schon tot, kehrte er noch einmal zurück und beseitigte Spuren. Er hat ihr auch die Hände gefaltet, gab er später zu Protokoll. Es sollte so friedlich wie möglich aussehen.«

»Das Natrium Pentobarbital hat er sich in der Nachkriegszeit über den Schwarzmarkt besorgt, eine größere Menge« ergänzte Rosemarie. »Er muss da schon aktiv gewesen sein, denn in seinem großen Bilderbestand, den wir im Keller sichergestellt haben, sind alte Fotos dabei, vermutlich noch mit einfachen Boxkameras erstellt. Noch mit jungen Frauen, Prostituierte möglicherweise, aber die Frauen wurden dann mit der Zeit immer jünger, bis er bei Kindern und Kleinkindern angekommen war.«

»Ihr kennt mich«, sagte Alfred. »Ich bin kein Freund von Papier und Dokumenten. Ich sehe es ein, dass das sein muss und erkenne auch die Vorteile, aber von meiner eigenen Mannschaft habe ich es gern mündlich, zumal ich dann immer mehr erfahre, als in einem trockenen Bericht steht.« Er schmunzelte. »Und das muss ich sagen: Ihr habt das großartig hinbekommen. Mindestens so gut, als wenn ich dabei gewesen wäre, vielleicht sogar besser.«

»Chef …« sagte Rosemarie, war aber sprachlos.

»Träum ich?« sagte Jürgen verdutzt.

»Ach was, wo Lob verdient ist, soll er auch gegeben werden. Heute Abend nach Dienstschluss gehen wir zusammen einen trinken. Ich gebe einen aus.«

Rosemarie und Jürgen strahlten. Als Alfred zu Heinermann ging, um sich die neueste Entwicklung in diesem Fall vom Staatsanwalt selbst erzählen zu lassen, sagte Jürgen zu Rosemarie:

»Wenn ich daran denke, wie ich aufgeben wollte und du durchgesetzt hast, dass wir weitermachen, dann bin ich froh, dass ich so einen schwachen Charakter habe und mich von einer Frau führen lasse.«

Rosemarie lachte.

»Ach geh …«

»Wenn ich nicht schon verheiratet wäre, würde ich dir vielleicht sogar einen Antrag machen.«

Rosemarie drohte mit dem Finger.

»Du hast gehört, was der Chef gesagt hat.«

*Horst-Dieter Radke*

## Blonde Versuchung oder die Monroe von Mülheim

*1956*

An diesem Abend war sie im Hinterhof. Im Haus wurde Abendbrot gegessen, man roch es, sie hörte Tellerklappern, die gereizte Ermahnung, nun komm schon. Im Zwielicht sah der Hinterhof weich und verschwommen, sah schöner aus, als er war. Selbst die Mülltonnen wirkten nicht so schäbig und die Blumen in dem Beet daneben, die Anna im Frühjahr gepflanzt hatte, leuchteten blass mit Kohlenruß auf den Blütenblättern.

Anna Puff lehnte im Stuhl, den sie nach unten getragen hatte, und legte die bloßen Füße auf ein Holzbänkchen, betrachtete ihre runden Zehennägel mit dem gestern aufgetragenen roten Lack. Am Ende des Hofes, dort, wo der Bürgersteig begann, lief ein Mädchen mit einem einzelnen Rollschuh hin und her. Irgendwo rief eine Männerstimme. Ansonsten war es in der Schillerstraße ruhig.

Das war Anna nur recht. Denn dieser Film, 'Das verflixte 7. Jahr', den sie vor zwei Tagen im Löwenhof gesehen hatte, ging ihr nicht aus dem Kopf; es war gar nicht mal so sehr die Handlung, obwohl – die hatte ihr schon Spaß gemacht, es war diese Amerikanerin, diese Schauspielerin, deren Aussehen sie närrisch machte. Sie hatte sich vorgenommen, ihr so ähnlich zu werden wie möglich. Wenn sie erst einmal ... Jedenfalls, bei Horbach, dem Friseur in der Aktienstraße, hatte sie sich schon angemeldet. Ihm gesagt, dass es um Größeres ging. Nicht einfach nur waschen, schneiden, Wasserwellen legen. Sie hatte Herrn Horbach ein Foto gezeigt. »So soll es werden!« Der Friseur hatte durch die Zähne gepfiffen, lange auf den Zeitungsausschnitt mit dem Foto geschaut, wieder gepfiffen, dann hatte er Anna angesehen und mit dem Pfeifen aufgehört. Das registrierte sie und hatte kurz überlegt, deshalb den

Friseur zu wechseln, war aber dann doch so pragmatisch gewesen zu denken, der nächste lacht vielleicht laut.

Im Kaufhof hatte sie sich einen Lippenstift geholt, in einem annähernd gleichen roten Ton, wie sie ihn von dieser Schauspielerin im Gedächtnis hatte, Perlonstrümpfe, und ja – es gab sogar ein Kleid, das dem mit dem Tellerrock und dem Neckholderoberteil dem Original recht ähnlich war. Nur weiß war es nicht, und Anna nahm mit der hellblauen Ausführung und weißen Tupfen vorlieb. Mit diesem Kleid wollte sie die Szene nachstellen, in der der weite weiße Rock durch die Abluft der U-Bahn aufgewirbelt wird. Nun hatte Mülheim keine U-Bahn, aber auf den breiten Rosten vor dem Kaufhof wurde auch Luft hochgewirbelt. Sie hatte es ausprobiert. *Und ganz so rasant braucht es nicht zu werden – ach was, es musste so werden*, korrigierte sie sich innerlich. Das hatte sich Anna in den Kopf gesetzt. Sie konnte eben stur sein, wenn es sein musste.

In Mülheim ist der Film sicher noch nicht allen bekannt, da geht's auch mit weißen Tupfen. »Mülheimer Tupfen«, kicherte sie. »Dat passt.« Ihre hellbraunen Sandaletten aus dem vorletzten Jahr, die mit dem kleinen Absatz, hatte sie mit Schuhweiß gefärbt. Alles konnte sie sich nicht neu kaufen. »Dat wird dann doch zu teuer«, stöhnte sie, und gab sich an diesem frühen Augustabend der Erwartung und der Vorfreude hin.

***

Seit einem Monat hatte sie eins ihrer Zimmer neu vermietet. Die Diakonisse war plötzlich verstorben, und wie es dem Zufall gefiel, stellte sich deswegen, also wegen des freigewordenen Zimmers, das sie an der Haustür als Angebot angeschlagen hatte, der Chemiker Erich Zimpel aus Hamm vor. Ihr Dauermieter Alfred Poggel, ihr liebster Kriminaler, wie sie ihn heimlich nannte, schien ihn nicht zu mögen. Anna merkte, dass Alfred schon ein paar Mal versucht hatte, mit ihr darüber zu sprechen. Aber zu mehr als »Also, dieser Zimpel, der …« war es seinerseits nicht gekommen, weil jedes Mal genau dieser in die Küche kam und sich mit Kaffee versorgte, ganz selbstverständlich, dass Anna ihrerseits auch ein wenig ins Grübeln kam und es Alfred gegenüber nicht zugeben mochte.

Zimpel war auch Erfinder. Sagte er. Alle, aber auch alle würden seine Erfindung brauchen, ja, das ganze Ruhrgebiet würde heiß darauf sein. Bei »heiß“ hatte er nervös gelacht. »Ich brauche nur noch ein bisschen«, sagte er jedes Mal, wenn er an Anna vorbeiging, morgens, wenn er gegen elf seinen Tätigkeiten nachging. Sein Geld verdiene er als Handelsvertreter, erklärte er.

Zimpel bekam häufig Besuch, Männer, die Anna zunickten, den Hut lüfteten, sich aber nie vorstellten.

Da Zimpel ihr sogar mehr als die vereinbarte Miete zahlte, gab sie nach, als er darum bat, im Keller in ihrem Verschlag experimentieren zu dürfen, da der seine mit Kram vollgestopft und Annas schön aufgeräumt war. Zwei Mal hatte es schon enorm gekracht und gestunken.

Anna fragte ihn wiederholt, was er denn da mache, »Nicht, dass Sie unser schönes Haus in die Luft jagen«, und drohte dabei spaßhaft mit dem Zeigefinger. Ganz wohl war ihr nicht bei der Sache. Und Zimpel guckte sie an, in so einer Weise, als bestände sie nur aus Vermieterinnenzellen und dementsprechenden Erbanlagen und nicht neben anderen Vorzügen auch aus purer Ruhrpottweiblichkeit. Sie war eine Frau, die sich in einer Phase ihres Lebens befand, in der sie süchtig nach Komplimenten war. Auch Alfred ging damit seit einiger Zeit zu sparsam um. Nur wegen Kohlrouladen und Ähnlichem gelobt zu werden, war ihr zu wenig. »Schließlich befinde ich mich in der Blüte meines Lebens und habe eine verdammte Menge nachzuholen …«

Auch deshalb musste ihr Wunsch Wirklichkeit werden. In den Zeitungen – in der Hörzu und auch in der BILD –

hatte sie gelesen, dass die Männer verrückt nach dieser Schauspielerin waren.

»Und wat dat Weib kann, dat kann ich auch. Für Mülheim jedenfalls müsste es reichen.«

***

Der nächste Tag fing nicht so gut an, wie Anna es von ihm erwartete. Noch während sie sich ihr brünettes Haar durchbürstete – ein letztes Mal –, wurde sie ein bisschen wehmütig; schließlich trug sie diese Farbe schon ihr ganzes Leben lang. Aber die Schauspielerin, hatte sie in der Zeitung erfahren, war vor ihrem strahlenden Blond brünett gewesen. *Wie ich*, stellte Anna fest. *Man muss der Natur auf die Sprünge helfen. Als Kind war ich doch auch blond. Dat macht mich jünger, dat macht mich regelrecht aufregend.* Bei diesen Überlegungen klopfte es an die Tür, jene, die zu ihrem Wohnzimmer führte. Sie hörte es, weil die Tür des angrenzenden Schlafraums offenstand. In ihren Filzpantoffeln schlurfte sie durch die Räume und öffnete. Alfred stand vor ihr.

»Ja, Herr Poggel, isset Käffken alle, oder?«

»Kann ich kurz reinkommen?«, fragte Alfred. Er trug wie meist Zivilkleidung, wenn er sich auf den Weg in die Von-Bock-Straße machte. Trug auch heute den mausgrauen Anzug, Doppelreiher, mit einer grau-blau gestreiften Krawatte, hielt seinen Hut in der Linken und die abgeschabte Aktentasche mit den verkratzten Messingschlössern in der Rechten und konnte daher Anna nicht die Hand reichen.

»Wat sind Se schick, ist wat los?«, fragte Anna und ließ ihn nähertreten, während ihr Haar – ohne ihre tägliche Einsteckfrisur – noch herunterhing. Damit sah sie ganz anders aus. Alfred schaute verblüfft.

»Wat is?«, frage Anna noch einmal. »Ich habe wenig Zeit, habe gleich 'n Termin.«

»Der Zimpel scheint mir nicht koscher zu sein. Nicht, dass Sie sich Schwierigkeiten mit dem einhandeln, Frau Puff. Ich habe mich umgehört; in Mülheim ist kein Chemiker dieses Namens bekannt.«

»Dä is ja auch aus Hamm.«

»Aber er hat doch gesagt, dass er schon eine ganze Weile in Mülheim lebt.«

Anna nickte.

»Wissen Sie genau, was er in Ihrem Keller treibt? Gestern Abend muss er da wieder rumgewerkelt haben. Gehen Sie nachher runter, überprüfen Sie selbst, es stinkt fürchterlich nach Petroleum. Und was hat der im Kabüffken zu schaffen? Haben Sie ihm das etwa auch vermietet?« *Nur weil er mit den Augen rumglupscht?* Das aber dachte er nur. Hätte er es ausgesprochen, müsste Anna ja denken, er sei eifersüchtig.

»Nähä. Hab ich nicht. Er hat dort nur was abgestellt. Leim und Seife.«

»Also, bei mir hätten Sie Theater gemacht, und dieser Zimpel kann sich alles erlauben? Läuft da was?« Alfred wurde bei diesen Worten etwas verlegen und versuchte, die Verlegenheit wegzuhusten. »Ich will nur, dass Sie wie sonst auch genauer hinschauen. Nicht, dass es wieder solche Malaisen wie mit dem Heinz Lennewegs gibt. Na gut. Ich muss los, habe eine wichtige Besprechung mit dem neuen Polizeirat.« Als er sich umwandte, sah er das hellblaue Kleid, das mit den Tupfen, über einem Sessel liegen. *Da läuft doch ein Kröösken mit dem Zimpel.* So ein Kleid hat sie noch nie gehabt. Und er hatte auch bemerkt, dass Anna ihm nicht richtig zugehört hatte und ein ungewohntes Glitzern in ihren Augen lag.

Auf dem Weg zur Aktienstraße fand Anna im Rinnstein ein Fünfzigpfennigstück. Als sparsame Frau hob sie es auf, putzte es mit einem Taschentuch sauber und steckte es in ihre kunstlederne Geldbörse. Sie sah den Fund als gutes Omen an. Beschwingt eilte sie dem Friseurladen entgegen und hatte alles ausgeblendet, was Alfred ihr heute früh gesagt hatte.

Überall herrschte alltägliche Betriebsamkeit. Die Sonne wärmte. Zügig schritt Anna aus. Auf der Kuhlenstraße entdeckte sie vor einem lang gestreckten Haus eine bekannte Gestalt. Zimpel! Neben ihm standen drei Männer, die ihre Hüte tief ins Gesicht gezogen hatten. Nur Herr Zimpel, der war ohne. In der Hoffnung, etwas von dem lebhaften Gespräch mitzukriegen, drückte sie sich gegen die Hauswand. Die Gruppe war ungefähr drei Meter von ihr entfernt. Anna kniff die Augen zusammen und fand, dass alle drei einen sehr entschlossenen Gesichtsausdruck hatten; es sah aus, als wollten sie etwas von Zimpel haben. Um was es ging, konnte Anna nicht verstehen. Dafür sprachen sie dann doch zu leise. Als ihr Mieter sich mit einer entschiedenen Bewegung zur Seite wandte, so, als wolle er weitergehen oder die drei loswerden, hielt einer ihn fest, zog ihn zu sich heran und stieß seine Stirn gegen dessen Nase. Zimpels Schmerzensschrei war nicht zu überhören. Erschrocken ging Anna rückwärts, drehte sich um und eilte die Kuhlenstraße zurück. Jetzt musste sie einen Umweg in Kauf nehmen, auch noch schneller gehen, schließlich erwartete sie Herr Horbach um elf Uhr dreißig. Die nächsten Minuten konzentrierte Anna sich auf ihr Vorhaben, schwor sich, es zu schaffen, eben wie diese Schauspielerin auszusehen. Und dann würde sie sich um den Zimpel kümmern. Nur so Sachen wie eben, mit denen musste er allein klarkommen. Aber sie fragte sich wieder einmal: »Was macht der in meinem Keller, was macht da ein Chemiker? Doch wohl Experimente, oder?«

Mit Handschlag und einem verschwörerischen Lächeln begrüßte Herr Horbach Anna. Er reichte sie weiter an Fräulein Lotte. »Sie wird sich Ihrer aufs Beste annehmen.«

Wieder zog Anna Zeitungsausschnitt samt Foto vor. Fräulein Lotte las, guckte, und schaute auch Anna an, beziehungsweise deren Haar. »Gut, dass wir uns nicht mehr im neunzehnten Jahrhundert befinden, Frau Puff. Und dass Sie nicht auf leuchtend Rotblond bestehen. In jener Zeit wurde ja Magnesia-Bisulfat und Kalk als Färbepaste genommen. Dabei konnten einem alle Haare ausgehen. Die Engländerinnen verwendeten sogar eine Mischung aus Gold und Arsen, um goldenes Haar zu bekommen.« Fräulein Lotte schmunzelte. »Und das war manches Mal tödlich.«

»Woher wissen Sie das?«, fragte Anna. »Sind Sie auch so eine, die rummixt und experimentiert? Dann lass ich das Ganze. So nicht. Ich will kein Arsen auffen Kopp, dat ist doch für Ratten, sind Sie wahnsinnig?«

»Regen Sie sich nicht auf. Schließlich haben wir neunzehnhundertsechsundfünfzig. Und Metallsalzfarben benutzen wir auch nicht mehr ...«

»Kenn ich alles nicht. Will ich auch nicht wissen. Nun fangen Se an. Ich habe nicht ewig Zeit.« Anna unterbrach den Redefluss der rotblonden jungen Frau. »Ich habe den ganzen Weg nicht wegen eines Vortrags gemacht. Also, bitte schön, so ein helles Blond wie auf dem Foto.« Anna klang schnippisch. Aber dahinter verbarg sie ihre Furcht, dass die Färberei unter Umständen danebengehen könnte.

»Gut. Und so schneiden wie auf dem Foto?« Fräulein Lotte besprach sich mit ihrem Chef.

»Rühren Sie einen Teil Farbe und zwei Teile Wasserstoffperoxid an«, sagte Herr Horbach.

Während der Einwirkzeit schaute und prüfte Fräulein Lotte immer wieder nach. »Noch einen Moment«, und flüsterte Anna ins Ohr: »Wolln Se blondes Luder spielen? Hamse einen Neuen?«

Darauf antwortete Anna nicht, hatte Chemie in der Nase und fing an zu niesen.

Ihr Haar wurde ausgespült, geschnitten und auf Lockenwickler gedreht. Anna schloss die Augen und dachte an eine Schlagzeile: »Blonde Versuchung«. Bin ich das jetzt?

»Frau Puff, fertig!«, riss Fräulein Lotte sie aus ihren Träumen. Anna schaute ihr Spiegelbild an. Riss die Augen auf. Beugte sich vor. Wehrte Fräulein Lottes Finger ab, die hie und da zupften. »Sie sind fertig mit dem Schnibbeln, oder?« Anna rief sich die Szenen aus dem verflixten 7. Jahr auf, schob die Haare hinter die Ohren, formte die Locke oben zurecht. Blond. Sexy. Fräulein Lotte sprayte ausgiebig. Anna stand auf. Reckte sich, reckte auch ihren prachtvollen Busen heraus, schien gewachsen, schien halb so alt, wie sie war. »Marilyn«, flüsterte sie, »ich seh aus wie die Marilyn Monroe«, und zwinkerte Herrn Horbach kess zu. Selbst Annas gestreiftes Kostüm mit dem taillierten Jäckchen, das schon etwas älter war, schien wie neu.

»Ich erkenn Sie gar nicht wieder, also nein, so ganz anders – ja, Frau Puff, da haben Sie sich was ausgedacht ... Donnerlittchen, und wenn Sie sich noch schminken ...«, sagte Fräulein Lotte, »ja, sehn Se wirklich aus wie die ...«

»Wie wat soll sie aussehn?«, fragte die kleine Frau Schmitker, die unter der Haube saß und glühte.

»Wie die Marilyn Monroe.«

»Wer issen dat? Das hier ist doch die Frau Puff. Hörn Se, Sie waren doch immer recht gediegen, und nun so knallich aber auch.« Frau Schmitker guckte Anna an. Anna guckte in den Spiegel. »Gediegen war mal, Frau Schmitker.«

***

Noch nie hatte Anna den Weg nach Hause so genossen. Langsam ging sie, drehte den Kopf mal nach rechts, dann nach links, damit alle, die ihr entgegenkamen, sie auch sahen. Der Weg zurück war ein kurzer, aber immer wieder blieb sie stehen; ihre Blicke schweiften und sie tat, als müsse sie etwas überlegen. Auf der Kuhlenstraße entdeckte sie Alfred Poggel auf dem Fahrrad. Wat der staunen wird! Als er fast auf ihrer Höhe war, winkte sie. Er blickte nur kurz auf und trat fester in die Pedale. Erstaunt sah sie ihm nach. Und da kam die Gablonski, mit der sie seit Jahren gut bekannt war. Anna grinste ihr entgegen. Aber die Frau hastete an ihr vorbei und überquerte die Straße.

Erst in der Schillerstraße verstand Anna. *Die zwei haben mich nicht erkannt.*

Sie fühlte sich neu und geheimnisvoll. In ihrer Wohnung sah sie, dass die Tür zu Zimpels Zimmer angelehnt war. Ein öliger Geruch nach Petroleum zog heraus. *Mit dem Mann muss ich reden. So geht's nicht. Da hat Alfred recht. Was pruddelt der mit dem Zeugs herum? Aber erst zieh ich mich um und stell mich auf die Roste vorm Kaufhof ... Dann seh ich genau so aus wie Marilyn, als ihr der Rock so rasant hochwehte ...*

Anna konnte sich nicht an sich selbst sattsehen. Der Ausschnitt ihres Tupfenkleides gab einen großartigen Einblick. Wahrscheinlich hatte sie bis heute nicht geahnt, wie gut sie ein Dekolleté tragen konnte.

Sie trug neue Perlonstrümpfe. Die umgefärbten Schuhe. Anna war so geschminkt wie ihr Vorbild. Sie tupfte sich 8×4-Puder unter die Achseln und konnte immer noch nicht glauben, dass sie es war, die ihr aus dem dreiteiligen Spiegel entgegenblickte.

Vielleicht werde ich fürn Film entdeckt und dann muss ich nie mehr vermieten und den Leuten alles hinterher räumen. Und dann tät der Alfred kommen und vor mir knien, dat ich ihn erhör und so. Aber vielleicht macht er dat sowieso, wenn er mich nachher sieht ...

Noch aber war sie Anna Puff, Zimmervermieterin und gleichzeitig schon Marilyn Monroe, die sexy Filmschauspielerin. In ihrer Eigenschaft als Vermieterin erinnerte sie sich an Alfreds Worte von heute früh und ging zum Kabüffchen. Sie sah die Kartons, die Zimpel darin abgestellt hatte. *Die trag ich runter. Und er muss aufhören, in meinem Keller zu experimentieren.*

Eine offene Packung mit Feuerzeugen nahm sie auch, stapelte alles aufeinander, ging so, die Arme von sich gestreckt, in ihrem Marilyn-Outfit aus der Wohnung und stieg vorsichtig die Stufen hinunter, bis sie im Keller war.

Die Tür ihres Verschlags war geschlossen. Anna wusste: Mit einem kräftigen Fußtritt ließ sie sich öffnen. Durch die Lattenstäbe sah sie Zimpel, der einen hellen Kittel und einen Hut trug und mit Glaskolben und Geräten hantierte.

*Muss wissen, wat er macht.*

Sie stellte die Kartons ab. *Dat bloß nichts an mein Kleid kommt.* Sie nahm ein Feuerzeug. Wartete dann doch nicht ab und stieß mit der Schuhspitze die Lattentür auf. Herr Zimpel drehte sich hastig um. »Wer sind Sie?«, rief er, »was haben Sie hier zu suchen?«

Zimpel stieß gegen Glaskolben, Flüssigkeiten liefen aus, Anna wollte genauer hinsehen und knipste das Feuerzeug an.

***

An diesem Augustabend erwachte Anna in einem Bett des St.- Marien-Hospitals. Man hatte sie ausgezogen. Sie tastete, fühlte ein langes Hemd, hatte Schmerzen und stöhnte. Eine Schwester kam, murmelte: «Arme Frau ...«, sagte dann etwas lauter: »Es möchte Sie jemand sprechen. Die Polizei. Aber nur ganz kurz ...«

Anna verstand wohl die Worte, aber begriff nicht, was geschehen war. Schon stand ihr Kriminalinspektor Alfred Poggel neben ihrem Bett. Er sah traurig aus. »Ausführlich reden werden wir später ... Unter Ihren Sachen, die ich gleich mitnehme, befindet sich ein halb verbranntes Kleid, das habe ich doch noch morgens bei Ihnen gesehen ... Aber Ihre Haare, liebe Frau Puff, Ihre Haare! Verschmort, und das, was noch übrig ist, ist ganz hell, als wären Sie blond, aber man weiß ja nie, wie Chemikalien miteinander reagieren. Ihr schönes brünettes Haar. Aber das wird wieder wachsen. Der weite Rock Ihres ungewöhnlich schicken Kleides hat sie geschützt. Besser, der Stoff ist hin als Ihre Haut ...«

Anna stöhnte.

»Zimpel hat es ganz schön erwischt. Aber er hat es noch geschafft, nach einem Krankenwagen zu rufen.«

»Meine Haare, mein Kleid, Marilyn ...«

Mit ›Marilyn‹ konnte Alfred nichts anfangen. Er dachte: «Arme Frau, jetzt fantasiert sie.«

Er behielt für sich, dass Annas Kellerraum total demoliert war – auch die anliegenden Verschläge – und ein Teil der Kellerdecke abgestützt werden musste. Fragen, die über das hinausgingen, was er ihr eben gesagt hatte, behielt er für sich.

»Ich bin Marilyn Monroe«, hauchte Anna, ihre Hand tastete sich langsam zum Kopf. Sie hielt inne. Dann aber rannen ihr die Tränen über das Gesicht.

Alfred schüttelte den Kopf. *Sie ist arg durcheinander ...* Er strich Anna vorsichtig über das Gesicht, nahm ihre Hand und lächelte sie mit aller Zuversicht, die er aufbringen konnte, an. Innerlich blieb er nüchtern und aufmerksam.

Zimpels Hantieren mit brisanten Stoffen und die Explosion würden ein Strafverfahren nach sich ziehen. Alfred wusste inzwischen, weshalb der Mann experimentiert hatte. Er wollte Kohleanzünder herstellen. Keine elektrischen, sondern ein Pulver wollte er erfinden, es in kleine Tüten packen und an jeden Haushalt verkaufen. Und damit groß herauskommen. Bloß Chemiker war er nicht. Handelsvertreter für Leim, Seife und Petroleum.

*Monika Detering*

## Kara Ben Nemsi im Löwenhof

*1956*

Unter anderem war er schuld, Old Shatterhand, oder genauer sein Erfinder Karl May, dass er, Alfred Poggel, 1919 in Bremerhaven auf einem Schiff nach Amerika anheuerte und dort eineinhalb Jahre lang als Hilfsarbeiter, Boxer, Leibwächter, Musiker und Hauslehrer versuchte zu überleben. Winnetou, den traf er nicht – was er auch nicht erwartet hatte, denn der starb ja bereits in Band III, am 2.9.1874 erschossen, behauptete der Autor. Ihn hatte er also nicht erwartet, aber dafür manches Abenteuer, das in Karl Mays Büchern fortdauerte, im fernen Amerika, vor allem im Wilden Westen, das hatte sich Alfred Poggel doch erhofft. In den Westen kam er damals nicht, der wilde Osten war ihm genug. Aber diese »Wildnis« hatte ihm nicht behagt. Sie entsprach auch nicht ansatzweise den Vorstellungen, die er sich vorher gemacht hatte. Also heuerte er erneut an und stand Ende Oktober 1922 wieder in Hamm vor der Tür seines Elternhauses.

»Komm rein«, sagte der Vater. »Geh in die Küche, wir essen gleich zu Abend.«

***

*Was Karl May kann, das kann ich auch*, dachte er in den folgenden Wochen. Abenteuer hatte Alfred genug gehabt in den zwei Jahren, die er unterwegs gewesen war. Also könnte er auch darüber schreiben, genauso wie Karl May. Dass der die Abenteuer nicht selbst erlebt, ja noch nicht einmal die Länder besucht hatte, in denen seine Reiseerzählungen spielten, dass wusste Alfred allerdings damals noch nicht. Doch aus einer schriftstellerischen Karriere wurde nichts. Gar nichts. Der Vater ließ ihn damals gewähren, hielt aus, dass der Sohn keine Arbeit suchte, keine Ausbildung anging und kein Studium ins Auge fasste.

»Wenn du Schriftsteller werden willst, dann schreib!«, hatte er gesagt. Alfred kaute die Vormittage an einem Bleistift herum, stromerte die Nachmittage an der Lippe entlang, machte Fußmärsche nach Bockum-Hövel oder Heessen, um dann jedes Mal, wenn er bei der Zeche ankam, wieder umzukehren und zurückzugehen. Er betrank sich manchen Abend mit alten und neuen Freunden, um am nächsten Morgen den angekauten Bleistift wieder in die Hand zu nehmen. Im Frühjahr 1923 platzte dem Vater der Kragen. Er stellte Alfred vor die Wahl, entweder das Abitur nachzuholen und zu studieren oder einen Beruf zu erlernen. Andernfalls müsse er das Haus verlassen und sehen, wie er allein klarkäme. Alfred packte verbissen und gekränkt seine paar Sachen. Er stand mit dem Seesack bereits in der Tür, als er sich noch einmal umdrehte und seinen Vater, der mit unbewegter Miene zuschaute, ansah.

»Kannst du mir helfen, bei der Polizei unterzukommen?«Das kam anfangs zögernd und zeigte erst am Ende des Satzes etwas Entschlossenheit. Die spürte der Vater. »Da bleibt mir ja keine andere Wahl …«

Der Vater hielt Wort und setzte sich für den Sohn ein. Schon drei Wochen später begann die Ausbildung zum Polizisten. Nach Mülheim wurde er 1927 versetzt. Und heute, fast dreißig Jahre später, stand er in einer langen Reihe vor dem Löwenhof und wollte wie die anderen eingelassen werden. Der Filmclub führte wieder einmal einen älteren Film vor. Diesmal würde es etwas für die zahlreichen Karl-May-Verehrer geben: »Durch die Wüste« aus dem Jahr 1936. *Wo sie die Kopie nur herbekommen haben?*, überlegte Alfred. Den Film hatte er schon einmal gesehen, damals, sechsunddreißig. Seit seiner Amerikareise war er allerdings mit Winnetou fertig. Unbefangen konnte Alfred alle weiteren Bücher mit ihm nicht mehr lesen. Nur die »Kara Ben Nemsi«-Bücher, die liebte er immer noch. Sie hatten seine Illusionen nicht zerstören können. Die Länder, die darin beschrieben wurden, kannte er ja nicht. Damals hatte dieser Film eher einen zwiespältigen Eindruck hinterlassen. Einerseits hatte man an Originalschauplätzen in Ägypten gedreht. Also wurde reale Wüste gezeigt. Andererseits sächselte Hadschi Halef Omar leicht. Sächsischer Dialekt und ägyptische Wüste passten überhaupt nicht zusammen, fand Alfred. Und in vielen Szenen waren einfach die Möglichkeiten, eine dichtere Spannung aufzubauen, vergeben worden. Dafür gab es großzügige Bildeinstellungen, in denen die Räuber ihre Beute – zum Beispiel eine Taschenuhr – bestaunten, anstatt dass sie von Kara Ben Nemsi überlegen in die Schranken gewiesen wurden. Der Held verschwand wie ein geprügelter Hund mit eingekniffenem Schwanz. Doch das war lange her. Nun interessierte es ihn, ob der Film auf ihn noch so wirkte wie vor zwanzig Jahren.

Eigentlich wollte Alfred nicht hingehen. Er wusste inzwischen, dass Karl May ein Schwindler war, einer, der sich alles nur ausgedacht hatte. Dessen frühe Reisen ins Gefängnis und ins Zuchthaus gingen, aber nicht in den Orient und in den Wilden Westen. Vor ein paar Tagen hatte er in der Leihbücherei ein Mädchen gesehen, das »Winnetou I« unter dem Arm geklemmt hatte.

»Ach was. Mädchen lesen Karl May?«, hatte er spontan und überrascht gefragt.

Das Mädchen schien etwas verlegen, sagte dann aber patzig: »Warum nicht? Soll wohl nur für Jungs sein? Nö, die Jungs können doch sowieso nicht richtig lesen.« Empört wippten die Affenschaukeln mit den blauen Schleifen.

Alfred lachte. »Nein, das stimmt beides nicht«, antwortete er. »Karl May ist nicht nur für Jungs und Jungs können lesen. Manche zumindest.«

Das Mädchen zog eine Schnute.

*Fühlt sich vermutlich nicht ernst genommen*, dachte Alfred und überlegte, wie er das wieder gutmachen konnte.

»Wie heißt du eigentlich?«, fragte er.

»Moni«, sagte sie überrascht. Und biss sich auf die Lippen. *Sie hätte es wohl lieber nicht gesagt*, dachte Alfred.

»Ich heiß Alfred. Alfred Poggel. Und ich habe Karl May früher gerne gelesen, obwohl ich ein Junge war. Später lebte ich einige Zeit in Amerika – fast zwei Jahre. Danach mochte ich die Bücher mit Winnetou nicht mehr lesen.«

»Sie waren in Amerika?«, staunte Moni. »Wirklich? Auch im Wilden Westen? Und wie hatte man Sie genannt? Old ... Old ... Old Greycoat?« Moni grinste breit. Alfred sah verblüfft an sich herunter. Sein grauer Mantel war nichts Besonderes, deshalb nahm er meist nicht einmal wahr, dass er so ein Kleidungsstück trug. Dann musste er lachen.

»Nein, da war nichts mehr mit Wilder Westen. Ich bin auch nicht auf wilden Pferden geritten, ich habe mich anders durchschlagen müssen. In New York, in New Haven, die ganze Küste hinauf bis Boston, ich habe für ein paar Dollar jeden Job gemacht, den ich kriegen konnte. Einmal habe ich mich für einen Boxkampf anheuern lassen und mich damm fürchterlich verprügeln lassen. Das war nicht lustig. Und die wenigen Indianer, die ich gesehen habe, waren anders, wie die, die es in Karl Mays Büchern gibt. Ich will nicht behaupten, dass es die nie gegeben hat, vielleicht hier und dort in dem riesigen Land sogar noch gibt. Aber ich, ich habe sie nicht gefunden.«

»Nach Amerika, dahin fahre ich auch noch«, sagte das Mädchen und drückte den Winnetou-Band fest an ihre Brust.

»Mach das«, sagte Alfred. »Aber lass dich nicht zu einem Boxkampf anheuern.«

»Boxen? Nä. Und dann mit 'ner vermatschten Nase rumlaufen?«

Beide lachten.

Karl May ging ihm seit dieser Begegnung nicht mehr aus dem Kopf. Sollte er doch mal wieder eins seiner Bücher lesen? Jetzt aber stand er vor dem Kino und wartete auf Einlass.

***

Der Kinosaal war nicht richtig dunkel, wenn ein Film lief. Der Lichtstrahl, der die Bilder des Films auf die Leinwand warf, erhellte schwach den übrigen Raum. Wandte man sich von der Leinwand ab, konnte man in der Schummrigkeit alles andere gut erkennen, in der näheren Umgebung sogar deutlich.

Nach fast zwanzig Minuten ließ Alfreds Interesse an dem Film merkbar nach. Dafür schaute er sich ein wenig um. Die Vorstellung war gut besucht, aber nicht ausverkauft. Überall gab es Lücken. Er saß weit hinten, vierter Platz vom linken Gang. Die beiden Plätze links neben ihm frei. Ganz außen saß ein Mann, der merkwürdig unruhig war. Ständig sah er sich um. Zweimal war er schon aufgestanden und hatte Anstalten gemacht, das Kino zu verlassen, sich dann aber wieder hingesetzt.

*Ich sollte auch gehen*, dachte Alfred. *Der Film interessiert mich noch weniger als vor zwanzig Jahren.* Aber er ging nicht. Der Mann ganz außen stand auf und verließ das Kino. Alfred blickte wieder zur Leinwand. Als Hadschi Halef Omar und Kara Ben Nemsi sich zehn Minuten später allzu schnell von ihren Fesseln befreiten, fühlte er sich veräppelt, stand auf und ging.

***

Alfred sah gleich, dass etwas nicht in Ordnung war. Die Tür zum Kassenhäuschen stand offen. Ein Fuß war zu sehen. Er eilte hin. Die Kartenverkäuferin lag am Boden. Sie blutete, stöhnte, lebte also noch. Er beugte sich herunter: »Was ist passiert?«

Die Frau stöhnte stärker, war aber nicht imstande, zu antworten. Alfred sah sich um, erblickte ein Telefon und hatte in Sekunden die Nummer des Reviers gewählt.

»Poggel«, rief er in die Sprechmuschel. »Sofort einen Krankenwagen samt Notarzt zum Löwenhof. Hier liegt eine Schwerverletzte. Informieren Sie Stankowski und Schnittger und die Spurensicherung. Schnell.«

Alfred hockte sich wieder vor die Frau.

»Überfall«, flüsterte sie undeutlich. »Kasse geraubt … weg …«

»Still« sagte Alfred. »Ganz ruhig. Gleich kommt ein Arzt.«

Er hob den Stuhl aus dem engen Kabuff. Schaute wieder auf die Liegende, um zu sehen, woher das Blut kam. Offensichtlich hatte der Täter ihr in die Brust gestochen. Er drehte sie vorsichtig auf den Rücken, zog sein großes Stofftaschentuch aus der Hosentasche, sah sich um, stellte dann die Blumenvase beiseite und nahm das Tischdeckchen herunter, faltete es mehrfach zusammen und drückte den Stoff fest auf die Wunde.

»Alles wird gut«, tröstete er und strich der Verletzten ein paar schweißfeuchte Haarsträhnen aus dem Gesicht. »Gleich kommt Hilfe.«

Es waren nur sechs Minuten, aber Alfred kamen sie wie Stunden vor. Als er die Frau an den Arzt und die Sanitäter übergeben konnte, atmete er auf.

*Ob sie am Leben bleibt, wird sich zeigen. Nun aber zum Täter.*

Er sah sich um. Natürlich erwartete er nicht, dass der Täter dastehen und auf ihn warten würde. Aber er hoffte, irgendetwas zu sehen oder zu finden, Spuren, die der Verbrecher hinterlassen hatte. Auf den ersten Blick konnte Alfred nichts Ungewöhnliches erkennen. Es beunruhigte ihn, dass der Arzt samt dem Sanitäter so lange im Kassenhäuschen zubrachte. *Das wird Spuren verwischen.* Er stellte sich an den Eingang, um etwaige Neugierige, die, durch den Krankenwagen angelockt, hineinsehen wollten, abzuwimmeln. Es kam aber kaum jemand vorbei und nur zweimal musste er welche wegschicken. Zehn Minuten später kam Rosemarie Stankowski zusammen mit Jürgen Schnittger in einer grünen Minna, sie brachten noch einen Streifenbeamten mit. Den schnappte sich Alfred sofort.

»Niemand geht hier rein oder raus, außer unseren Leuten«, schärfte er dem Schupo ein. »Wir lassen die Vorstellung weiterlaufen, die dauert noch gut eine halbe Stunde. Dann müssen sämtliche Gäste durch die Seitenausgänge raus. Das muss organisiert werden. Deshalb fordern Sie bitte noch ein paar Kollegen an.«

»Sollen wir alle erfassen?«, fragte der Polizist.

»Nicht nötig. Der mutmaßliche Täter ist da nicht mehr drinnen, ich bin mir ziemlich sicher. Ich bin nach ihm in den Vorraum gekommen. Solange ich bei der Verletzten war, ist keiner rein- und auch niemand rausgegangen. Alle Besucher, die Ungewöhnliches gesehen haben, sollen aufs Revier kommen. Was ich mir aber nicht vorstellen kann, denn die saßen drinnen und guckten auf die Leinwand.«

Der Streifenpolizist nickte wichtig und ging.

»Und, was entdeckt?«, fragte Rosemarie Stankowski. Schnittger sah seinen Vorgesetzten erwartungsvoll an.

»Vermutlich saß der im Saal. Einer fiel mir durch seine außergewöhnliche Unruhe auf. Ich bekam mit, wie er rausging.«

»Sind Sie sich da sicher?«, fragte Schnittger.

»So gut wie«, sagte Alfred. »Es ist natürlich auch möglich, dass einer von draußen kam und den Überfall ausführte, aber das glaube ich eher nicht.«

»Oder beides«, sagte Rosemarie Stankowski.

»Auch möglich. Aber egal, ich gehe jetzt noch einmal hinein und schaue, ob der Verdächtige etwas auf seinem Platz zurückgelassen hat. Und Sie beide gehen ein bisschen um die Häuser und schauen sich um. Fragen Sie alle, denen Sie begegnen, ob ihnen in der letzten halben Stunde etwas aufgefallen ist.«

»Okay Chef«, sagte Jürgen. »Aber ich frage mich, was denen aufgefallen sein sollte?«

»Wird gemacht«, sagte Rosemarie und salutierte.

»Geht's noch?«, sagte Alfred, wandte sich um und ging zurück in den Kinosaal. Er hörte, wie Schnittger sagte: »Er hat keinen Humor, nicht in solchen Situationen. Du solltest da etwas vorsichtiger sein.« Rosemarie lachte. Alfred schloss abrupt das Lachen und die Worte aus, indem er die

Saaltür schloss. Auf der Leinwand liefen immer noch Hadschi Halef Omar und Kara Ben Nemsi über die Leinwand. Ab und zu hustete jemand krächzend. Der hatte Alfred schon vorhin gestört. Schnell gelangte er zu seiner Reihe und ging in die Hocke. Er tastete den Sitz ab, kniete sich hin und ließ seine Hand über den Boden fahren. *Ist das hier dreckig. Hat der Lehm unter den Schuhen gehabt?* Er fand Kaugummipapier, eine leere Schachtel Streichhölzer – aber sonst nichts. Nachdem er auch den Nachbarsitzplatz gründlich abgetastet hatte, richtete er sich auf und verließ den Saal. Gerade brachten die Sanitäter die Verletzte auf einer Trage in den Krankenwagen. Die Spurensicherung war noch nicht da. Alfred ärgerte sich, nahm sich aber vor, sich zurückzuhalten. Es war für alle Feierabend und die meisten hatten Familie. *Trotzdem ...* Er blickte ins Kassenhäuschen. Blut am Boden und Dreck. Dreck? Alfred trat einen Schritt zurück. Jetzt konnte er die Spur von der Saaltür bis zur Kasse deutlich sehen.

»Er war es doch«, triumphierte Alfred laut. »Keiner von draußen.«

***

»Kann man heute nonnima ins Kino gehen, ohne umgebracht oder erstochen zu werden?« Anna war entrüstet. Sie ging zwar nicht oft ins Kino, aber wenn, dann gerne. »Es wird ja nicht in jeder Filmvorstellung jemand erstochen«, beschwichtigte Alfred. »Oder überfallen.«

»Man weißet aber nich«, konterte Anna.

»Kinos sind ziemlich sicher. Wenn Sie wüssten, wie viele Morde es schon in Friseursalons gegeben hat.«

»Was?« Annas Stimme klang ganz hoch. Außerdem wurde sie blass. Alfred merkte, dass er jetzt deutlich zu weit gegangen war.

»Aber nur in Ägypten«, sagte Alfred schnell. »In Mülheim traut sich kein Mörder zum Friseur.«

Anna atmete auf.

»Außerdem haben wir den Täter schon gefasst. Anklage wegen Raub und schwerer Körperverletzung, vielleicht auch wegen Mordversuch. Die Kassiererin hat die Messerattacke überlebt.«

»Na, ist aber auch man gut«, sagte Anna. »Die Emma Amrein hat das gar nicht verdient.«

»Sie kennen die Frau?«, staunte Alfred.

»Wie man sich so kennt, nich? Sind ja nicht viel übrig geblieben von vorm Kriech. Und ihr Männer seid alle weggewesen, anne Front und so. Frauen halten eben zusammen und kennen sich.«

Alfred dachte sich jetzt seinen Teil. Er hoffte, dass die Neugierde seiner Zimmervermieterin nun ausreichend befriedigt war.

»Möchten Sie noch eine Tasse?«, fragte Anna, wartete gar keine Antwort ab, sie goss nach. Alfred stöhnte innerlich. Zu viel Kaffee bekam ihm nachmittags nicht mehr so gut. Er wusste auch, was das Nachschenken bedeutete.

»Wie haben Se den denn gefangen, Herr Poggel. Erzähln Se mal.«

»Polizeiliche Kleinarbeit. Feinarbeit könnte man auch sagen. Erst fand ich den Dreck ...«

»Dreck?«

»Ja, Dreck. Auch darum muss sich die Polizei kümmern. Dann hat Kollegin Stankowski einen in der Nähe vom Löwenhof getroffen, der vom Täter fast umgerannt worden war. Der hat sich so geärgert über ‚den Flegel' – wie er sich ausdrückte –, dass er ihn halbwegs gut beschreiben konnte. Außerdem hatten wir noch das Kaugummipapier und die Streichholzschachtel.«

»Mittn Kaugummipapier werden jetzt Verbrecher überführt?«

»Unter Umständen auch das«, sagte Alfred. »Dann, wenn ein Fingerabdruck drauf ist. Die beschichtete, silberne Seite nimmt Fingerabdrücke ganz besonders gut auf. Und die Streichholzschachtel war zwar leer, war aber eine belgische.«

»Vasteh ich nicht«, sagte Anna. »Leere Streichholzschachtel, egal ob aus Belgien oder Buxtehude, wat sacht dat denn schon?«

»Lehmverschmierte Schuhe und belgische Streichholzschachtel deuten auf Baukolonne hin. Derzeit sind gerade Verputzerkolonnen aus den Beneluxstaaten in Mülheim. Es gibt hier noch genug auf und neu zu bauen. Selbst hier in der Schillerstraße. Also, jener Passant, der fast umgerannt wurde, konnte sich den Kerl gut merken und eine brauchbare Täterbeschreibung abgeben. Wir mussten uns nur die Baukolonnen vornehmen und hatten schon am nächsten Tag drei Verdächtige bei uns. Anhand des Fingerabdrucks auf dem Kaugummipapier war der eigentliche Täter schnell aussortiert. Der hat dann schnell gestanden, als wir ihn mit den Beweisen konfrontiert haben. Das Geld konnten wir noch vollständig sicherstellen, er hatte noch nichts ausgegeben.«

»Nichts davon ausgegeben? Hat er ja nix von gehabt«, sagte Anna, lächelte listig und wollte erneut nachschenken.

Alfred hielt die Hand über die Tasse. »Nicht noch eine. Sonst renne ich die ganze Nacht.«

Anna guckte ihn erstaunt an.

»Und Sie können wieder ins Kino.«

»Ich weiß nicht, ob ich mich nun richtig sicher fühle.« Dann zwinkerte sie Alfred zu. »Aber wenn Sie beim nächsten Mal mitkommen, sozusagen als mein persönlicher Begleitschutz, dann gehe ich auch wieder ins Kino – na ja, oder mit meinen Freundinnen, wenn Sie nicht wollen.«

Alfred seufzte. »Was wird denn gespielt?«

»Sissi – Die junge Kaiserin. Wissen Se, die Fortsetzung von den Film um die Elisabeth von Österreich. Die eigentlich Romy Schneider heißt.«

»Nein«, sagte Alfred. »Die heißt nicht eigentlich Romy Schneider. Das ist die Schauspielerin.«

»Is doch egal«, sagte Anna. »Kommen Se mit?«

Alfred wusste, es gab keinen Ausweg. Aber Kara Ben Nemsi, der hätte einen gewusst.

*Horst-Dieter Radke*

## Mein Gott, die Zeiten, die Zeiten …

*1957*

»Nun, Frau Puff«, fragte Friederike Meerwald, »erzählen Sie, was Sie hierher verschlagen hat.«

»Aber nur«, begann Anna, »wenn Sie mir verraten, wo Sie siebenundvierzig abgeblieben sind. Mit dem Albert und der Ingrid … Ist jetzt zehn Jahre her. Zehn Jahre – und da treffen wir uns ausgerechnet in Mülheim wieder …« Dabei blickte sie die Frau auffordernd an, die im ledernen Clubsessel beinahe verschwand.

Friederike zog an einer Eckstein, die in der silbernen ziselierten Zigarettenspitze steckte.

»Dass ich in diesem feinen Hotel logiere, also, ich kenne es ja von früher, als es noch ‚Noy-Monopol' hieß. Wurde ja dreiundvierzig in dieser schrecklichen Bombennacht zerstört. Jetzt ist es neu aufgebaut, und heißt nur noch Noy. Nun ja.« Anna Puff zupfte Fussel von ihrem Wollrock, der im Schein der Wandlampen und der strahlenden Lüster über ihr schäbig wirkte. Auf dem Nierentisch zwischen ihnen standen leere Kaffeetassen und leere Cognacgläser, sowie ein Teller mit Spekulatius und Dominosteinen von Wissoll.

»Bei mir hat es ja gebrannt«, begann Anna zu erzählen. »Drei Tage vorm Fest. Der Rauchabzug von meinem Herd war noch nie in Ordnung. Die Flammen lösten das Kniestück am Rohr, da am Knick, und das Stück fiel in meinen ‚Jan em Ssacke'.

»In was?«

»Graupen mit Dörrpflaumen. Ist ein leckeres Essen, nur mit einem Rohrstück nicht genießbar. Als mein Freund, der Schwarzmarkthändler, der Heinz, noch lebte, hat er mir immer beim Abdichten geholfen. Später habe ich es dann selbst gemacht: An die Wand hinter dem Rohr mehrere Lagen Tapete geklebt. Wenn die Luft in den

Schornstein gedrückt wurde, wurde die Wand heiß und am Knick zischelten Flammen raus ...«

»Brauchen Sie jetzt nicht so ausführlich erzählen«, unterbrach Friederike und gähnte hinter der manikürten Hand. »Warum haben Sie keinen Handwerker geholt?«

Anna wehrte mit einer heftigen Handbewegung ab. »Jedenfalls war ich an dem Nachmittag bei ‚Schätzlein', um ein bissken wat über die Weihnachtstage zu haben. Auf dem Rückweg sah ich den Milchwagen samt Pferd und samt Kaminski in der Schillerstraße stehen. Wir haben ein bisschen geredet. Ich hatte ja Zeit ...«

»Und dann?«

»... sah ich die Feuerwehr vor unserem Haus. Zwei Feuerwehrmänner rollten gerade den Wasserschlauch auf. Mein Mieter, also der Kriminalinspektor Alfred Poggel, hatte die Wehr gerufen. Ich dahin, konnte ins Haus, das Feuer schien gelöscht - und meine Küche stand unter Wasser. Alles war natürlich verqualmt. Es beruhigte mich nicht, dass Herr Poggel sagte: »Frau Puff, dass hätte schlimmer ausgehen können.« Es nutzte auch nichts, das ein Feuerwehrmann mich antippte: »Für uns ist der Einsatz beendet. Weiterhin gut lüften. Wir haben alle Fenster aufgemacht. Er sagte auch, Sie können jetzt saubermachen.

Das war zuviel. Meine Wohnung stank nach Rauch, nach Fett, nach feuchter Kohle und der Geruch setzte sich auf die Lippen, die Zunge, ich schluckte und musste aufstoßen. Gehn Se bloß wech!, raunzte ich Alfred an. Ich musste allein sein und überlegen. Ich heulte so lange, bis Herr Poggel versprach, mir zu helfen, er würde mit einem Kollegen die Küche neu tapezieren. Und ich entschloss mich, an mein Erspartes zu gehen und mir ein feudales Weihnachtsfest zu gönnen.

Ich erklärte meinem Kriminalen, was ich wollte. Er zog die Augenbrauen hoch, und war dann aber ganz Mann von Welt. Er griff nach dem Telefonhörer und buchte ein Zimmer für mich hier im Hotel Noy. Wenn schon, denn schon. Klingt übrigens besser, wenn's ein Mann macht.« Während sie ihre Haare abtastete, die nicht so saßen, wie sie es sich wünschte, sagte Anna mit Stolz in der Stimme: »Sie hätten mich mal sehen müssen, als ich hier ankam ...!«

»So?«, fragte Friederike. »Ich sehe Sie ja schon seit gestern.« *Das reicht auch*, dachte sie und schob eine neue Zigarette in die Zigarettenspitze.

Anna überhörte das. Vor allem, als der hochgewachsene Ober mit dem Holzbein auf sie zutrat: »Darf ich den Damen noch etwas bringen?«

»Dasselbe noch einmal für mich: eine Tasse Kaffee und einen Hennessy«, sagte Friederike und lächelte strahlend.

Anna überlegte. Sie wollte nicht als Puttchen dastehen, das nicht genügend Geld hatte.

»Ich möchte einen Likör.«

»Welchen?«

Anna kannte sich nicht mit Likören in Hotels aus.

»Dann werde ich Sie überraschen«, sagte der Ober, ging und kam kurz darauf zurück. »Bitte sehr, die Dame, für Sie ein Cappenberger Tröpfchen. Der kommt hier aus der Gegend Und schmeckt vorzüglich.«

Sie nippte. Noch einmal. *Ob ich nachbestelle?*

***

Es gab viel zu fragen. Aber da diese elegante Frau in ihrer eleganten Kleidung einmal ihre Chefin gewesen war, hielt Anna sich zurück. Das saß plötzlich wieder ihn ihr drin. Aber weitererzählen, das musste sie. »Also - wie ich hier in meinem Käfer vorrauschte, Frau Meerwald, ich mit meinem dunkelblauen Hut, da hat der junge Mann in der schnieken Uniform gar nicht auf meinen Pappkoffer mit den Lederecken geachtet. Trug ihn rein und ich kam mir vor wie ein Filmstar. Der Dame an der Rezeption erklärte ich, dass Kriminalinspektor Poggel für mich ein Zimmer bestellt habe. Seitdem bewohne ich einen hochpompösen

Raum mit zwei Betten. Wat haben die denn gedacht, dat ich wen mitbringe? Bin doch nicht verheiratet. Warten Se mal« – Anna blickte zur Treppe. »Sehen Sie mal - ist dat da nicht der Stinnes, der Hugo, der Junior? Hat die Cläre ihn aus seinem Haus Urge rausgeekelt? Ja ja, wir Mülheimer wissen, wat die Abkürzung bedeutet. Unser Reichtum gestattet es. So eine Borniertheit. Aber Hugo, der ist doch raus aus dem Unternehmen, macht wohl inzwischen wat eigenes.«

Friederike blickte einen Moment lang auf dem geblümten Teppich, bis ihr Blick Stufe um Stufe hoch wanderte, bis sie den Mann erfasste, der ihre Aufmerksamkeit bemerkte und mit einer lässigen Handbewegung den nicht vorhandenen Hut lüpfte.

Sie nickte ihm zu und der Mann mit dem Strichschnäuzer, dem dunklen Zweireiher, den dunklen glänzenden Schuhen kam zu ihnen. »Von Anlauf«, stellte er sich Anna mit einer knappen Verbeugung vor, trat einen Schritt zurück, und drehte sich um zu Friederike.

»Mein Teilhaber«, erklärte sie. »Wir betreiben in Hamburg ein Kleinkunsttheater und wollen sehen, ob wir so etwas auch in Mülheim etablieren können.«

Anna riss die Augen auf. »Aber dieser Herr sieht aus wie der Herr Stinnes«, beharrte sie.

Von Anlauf überging diesen Einwand. »Ich frage mal eben an der Rezeption, ob unsere Plätze für heute Abend auch wirklich reserviert sind. Und gute Frau, der Herr Stinnes bin ich nicht.«

Er ging mit großen Schritten durch die Halle. Dicke Teppiche verschluckten Geräusche. In einer Nische stand ein hoher Baum – die Tanne war mit elektrischen Kerzen, mit Sternen, mit Süßigkeiten geschmückt. Anna wusste nicht, was sie sagen sollte. Friederike beobachtete und lächelte. In den schweren Sesseln saßen Gäste und unterhielten sich.

»Heute Abend sollten wir einander von damals erzählen, zum Beispiel, wie ich Sie siebenundvierzig am Hamburger Bahnhof ohnmächtig auffand ... Da waren Sie noch gertenschlank. Lassen Sie uns gemeinsam essen. Es ist schließlich Weihnachten!«

Anna wollte. Aber ein üppiges Mahl schien ihr teuer. Zu teuer. Eigentlich war ihr eher nach einer handfesten Bratwurst mit Löwensenf aus Hertas Büdchen.

»Also, um sechs! Ich lade Sie ein.«

Anna wand sich. Und entschloss sich zu sagen: »Ich komme gern, aber zahlen will ich doch lieber selbst.«

»Wie Sie meinen. Ich möchte mich jetzt hinlegen, Schönheitsschlaf, Sie wissen?«

***

Die Gespräche der anderen hingen wie ein Summen in der Luft und machten Anna schläfrig. Diskret brachten Ober diverse Getränke. Ein Liftboy trug Koffer. Hinter ihm ging ein Mann mit Hut und heruntergezogenen Mundwinkeln. *Ein Leben im Hotel?* Sie träumte seit langem davon. Mit einem eigenen. Einem kleinen Hotel am Ufer der Ruhr.

***

Nie hätte Friederike Meerwald auch nur im Geringsten gedacht, plötzlich der so lange Gesuchten gegenüber zu stehen. Dies Freudengejaule. War ihr das unangenehm gewesen. »Hier trifft man sich also wieder«, hatte Anna gerufen. »Was habe ich Sie in Hamburg gesucht und auch Ihre Kinder.«

Friederike wollte sich von Anna etwas zurückholen. Wollte sie zur Rede stellen. Ehemalige Bewohner ihrer Villa in Blankenese hatten verraten, dass Anna damals wertvolle Dinge mitgenommen hatte. Nur, weil sie ihr keinen Lohn gezahlt hatte. Sie war geflohen, als sie kein Geld mehr besaß und englische Offiziere ihre Villa besetzten. In einer Baracke hatte sie hausen müssen und die Kinder zu

Verwandten nach Süddeutschland geschickt. »Mein Gott, die Zeiten, die Zeiten!«

***

Es gab Gans, Rotkohl und Kartoffeln. »Von einem Bauern aus Saarn«, erklärte der Küchenchef, der mit dem Jungkoch servierte. Nach Stillen des ersten Hungers fragte Anna: »Wie geht es den Kindern? Sie waren mein Augapfel. Besonders der Albert ...«

»Gut geht's ihnen. Wir wohnen jetzt in Sankt Georg. Die Villa wurde zwangsversteigert. Leider.«

Von Anlauf aß viel. Ab und zu huschte ein unruhiger Blick zu Friederike.

Anna hatte vor, nach dem Essen Friederike zu überraschen. Schließlich hatte sie all die Jahre etwas für sie, eigentlich eher für Albert, aufgehoben.

»Jetzt sollten wir zum Geschäftlichen kommen«, begann Friederike.

Von Anlauf nickte. Annas Gedanken knäulten sich zum Fragezeichen.

»Frau Puff, wie war das eigentlich, als Sie mein Haus verließen? Wer von den anderen Mitbewohnern war noch da?«

»Die Trude hat beim Packen geholfen.«

»Ich habe sie in Hamburg wiedergetroffen. Sie erzählte, dass Sie sich ziemlich großzügig an meinem Eigentum bedient haben. Mir fehlen ein wertvoller Ring, diverse andere Dinge und das Bild meines Alberts im Matrosenanzug. Und all das holen Sie gleich aus Ihrer Wohnung, wir werden Sie begleiten.«

»Kommen Se mir nicht mit solchen Fissematenten, dat is lange her ... Die Trude! Ach, die Trude hat schon immer viel erzählt.« Anna rang vor Anspannung die Hände.

Aus einem Lautsprecher klang ‚O du fröhliche ...'.

Im kleinen Speisesaal waren nur wenige Tische besetzt.

»Frau Meerwald, zwei harte Jahre habe ich auf meinen Lohn gewartet. Aber als Sie verschwunden waren und die Kinder auch, wollte ich zurück nach Mülheim. Dem Lohn entsprechend habe ich ein bissken Silber eingesteckt, hätte ich es nicht, hätten es die anderen getan. Ihr Haus wurde doch regelrecht ausgeräumt.« Den Ring verschwieg Anna. Ihn hatte sie gegen Brot, Speck und Wurst auf dem Schwarzmarkt getauscht. Das Bild allerdings, das sie eigentlich vor Freude über das Wiedersehen Friederike geben wollte, verschwieg sie auch. *Es gehört dem Jungen.*

»Nun, wir können die Angelegenheit gern bei der Polizei klären.«

‚Polizei' reizte Anna zum Lachen und zum Weinen. Ihr Gesicht glühte vor Verlegenheit.

Ein Page rief: »Frau Puff, bitte zur Rezeption, Sie werden dort erwartet.«

Sie stand auf, schob den Stuhl an den Tisch mit dem weißen Damastlaken, nickte Friederike und von Anlauf zu. Wer auch immer was von ihr wollte, dieser Mensch kam im passenden Augenblick.

Alfred Poggel wartete in der Lobby. Die Polizei war also schon im Haus. Er lachte, stutzte, sah sie an, und kannte seine Vermieterin inzwischen so gut, dass er wusste, sie steckte in Schwierigkeiten.

»Fröhliche Weihnachten!« sagte er und überreichte ihr ein Päckchen. »Und – was sagen Sie nun - Ihre Küche ist wieder wie neu!«

Anna wischte sich Tränen ab.

»Alles in Ordnung?«, fragte er.

»Nein.« Sie deutete an, dass sie in Schwierigkeiten war. Dass er sich bitte die beiden im Speisesaal mit seinem Ermittlerblick anschauen solle.

Er ging mit Anna zurück. Friederike und von Anlauf blickten fragend. »Guten Abend«, begann er, »Kriminalinspektor Poggel.«

Von Anlauf sprang von seinem Stuhl auf, murmelte, »Entschuldigung« und rannte fast aus dem Speisesaal.

Friederike reagierte geistesgegenwärtig. »Wollen Sie Frau Puff festnehmen? Das wird auch Zeit!«

»Und Sie sind?«

Friederike hüstelte und hielt die Hand vor das Gesicht.

»Ich schaue mal eben nach meinem Bekannten.« Sie nahm ihre Krokohandtasche.

»Was doch so ein Wort wie Polizei ausmacht«, stellte Alfred vergnügt fest. *Dieser Anlauf – ich glaube, ich kenne dieses Gesicht ... Muss mal morgen in die Fahndungslisten schauen ...* »Und wir zwei, wir gehen jetzt ins Palast Theater. Ich habe schon zwei Karten, zieren Sie sich nicht, ich lade Sie ein. Denn ansonsten kämen wir gar nicht rein, die Leute stehen Schlange.«

»Kino? Was wird denn gezeigt?«

»Genau das, was Sie jetzt brauchen. Vom Winde verweht – gut fürs Herz und gut gegen das, was hier passiert ist. Aber das werden Sie mir genauer erzählen, nicht wahr?«

***

Annas Freude über einen unverhofften Kinobesuch, über ihre renovierte Küche, über den feudalen Aufenthalt im Hotel schwebte an diesem Weihnachtsabend wie bunte Luftballons über der Stadt am Fluss. »Morgen ist auch noch ein Tag«, sagte sie in Anlehnung an Scarlett O'Haras trotzige Worte und nahm sich vor, dass Bild vom Jungen mit dem Matrosenanzug nur Albert wiederzugeben.

Der Himmel war klar und die Sterne der Neonreklamen glitzerten dem Wirtschaftswunder entgegen.

*Monika Detering*

## Duett mit Inge

*Herbst 1957*

»Ist was passiert?«

Alfred sah in das gerötete Gesicht von Peter Ibing, der noch nach Luft rang.

»Ja«, keuchte er, »du musst kommen. Sofort!«

Ohne weiter zu fragen, nahm Alfred seinen Mantel von der Garderobe und angelte den neuen Fedora von der Ablage. Peter wies mit dem Zeigefinger in die Wohnung.

»Vergiss dein Kornett nicht!«

»Üben? Aber heute ist doch nicht Dienstag?«

»Nein, heute ist Freitag und morgen Abend spielen wir in Recklinghausen.«

Alfred ging einen Schritt zurück.

»Bist du verrückt? Wir sind noch nicht so weit. Wir üben doch kaum mehr als ein Jahr. Und keiner von uns ist herausragend. Du weder an deiner Klarinette noch am Klavier, Hucky nicht an seiner Schießbude, Konny nicht am Kontrabass und ich schon gar nicht.«

»Mach Dich nicht kleiner, als du bist«, sagte Peter, der inzwischen wieder zu Atem gekommen war, »dein Solo letzte Woche, das war Spitze.«

»Wir hatten alle schon was getrunken«, wandte Alfred ein, »und genau genommen fehlt uns noch eine Posaune.«

»Uns fehlt nichts«, sagte Peter. »Im Gegenteil, wir haben die Attraktion. Komm, hol deine Tröte und ab mit uns.«

»Sag nicht Tröte zu meinem Kornett«, brummte Alfred, ging es aber doch holen.

Unterwegs wollte Alfred aber genauer wissen, was los war.

»Du weißt ja, als Journalist habe ich so meine Kontakte und neben den großen Artikeln schreibe ich auch kleineres für verschiedene Lokalredaktionen. Man kennt mich inzwischen schon bei sämtlichen Blättern im Ruhrpott, im

Münsterland, in Ostwestfalen ... und jottwede. Auch bei der Recklinghauser Zeitung, für die ich hin und wieder Konzertberichte schreibe. Wenn es um Jazz und Klassik geht, ruft mich Chefredakteur Harry Neubert immer zu Hilfe, das kann seine Truppe nämlich nicht ordentlich. Gestern rief er an, weil in Recklinghausen die Jazztage angesagt sind. Drei Tage tolle Musik mit Jutta Hipp, die aus den Staaten herübergekommen ist, Freddie Brocksieper und Hans Koller mit ihren Combos und noch eine ganze Reihe weiterer toller Musiker. Aber – und jetzt kommt das dollste – ich soll keine Berichte schreiben, sondern selbst Musik machen. Ich hatte ihm nämlich von unserer Truppe erzählt und ...«

Alfred blieb stehn.

»Peter, da komme ich nicht mit. Wir blamieren uns fürchterlich. Das sind alles hochkarätige Musiker. Da kann ein ins Horn blasender Kriminalkommissar genau so wenig punkten wie ein Piano klimpernder Journalist.«

Peter zog ihn weiter.

»Hör erst einmal zu Ende, Alfred. Es kommt nämlich auch noch eine Sängerin, die so unglaublich ist ...«

»Die Valente kommt?«, fragte Alfred und war plötzlich ganz zappelig.

»Nein, die nicht, obwohl gemunkelt wird, dass sie demnächst mit Chat Baker hier in Deutschland spielen soll.«

»Man, man, man«, stöhnte Alfred.

»Die also nicht, aber eine andere, die genau so genial ist. Eine ganz neue Stimme aber derzeit angesagt für größere Sachen. Sie kommt gerade von einer Skandinavientournee zurück und soll in Recklinghausen singen, aber die Band, die dafür gebucht war, ist ausgefallen. Die liegen alle mit Mumps im Bett, oder mit Masern, das weiß ich nicht so genau. Nur wird jetzt schnell Ersatz gebraucht, und der Ersatz sind wir.«

»Du spinnst«, sagte Alfred. »Das schaffen wir nicht. Niemals.«

»Wir schaffen das. Es sind außerdem nur vier Stücke. Eins davon können wir schon. Die anderen drei schaffen wir uns heute Abend rein, die Noten habe ich.« Dabei klopfte er auf seine Aktentasche. »Morgen proben wir in Recklinghausen mit der Sängerin und am Sonntagnachmittag sind wir im Programm.«

»Fehlt nur noch, dass das Fernsehen auch dabei ist.«

»Fernsehen nicht, aber der Rundfunk. Der WDR zeichnet die ganzen Jazztage auf.«

***

"Frau Puff, jetzt brauch ich einen von ihrem Eierlikör".

Anna sah ihn merkwürdig an, ging aber wortlos in ihre Kammer und kam mit der gewünschten Flasche, deren Inhalt aber bereits auf etwa Eindrittel geschrumpft war, zurück. Sie öffnete den Küchenschrank, zog mit einer Hand zwei Pinnken heraus und knallte sie auf den Tisch. Anschließend goss sie ein, stellte die Flasche ab, hob ein Glas hoch und sah Alfred an.

"Wat is?", fragte sie.

Alfred griff zum Glas hob es an den Mund und kippte den Inhalt hinunter, ehe Anna auch nur Pieps sagen konnte. Schnell machte sie es ihm nach, zog dann den Stuhl vor und setzte sich. Sie goss beide Gläser wieder voll und schaute ihren Untermieter treuherzig an.

"Nun sach schon", sagte sie, "wat is los, datte dich an mein Eierlikör verköstigen tust."

Alfred setzte sich auch, seufzte einmal ganz tief und griff wieder zum Glas. Doch Anna war schneller und hielt die Hand drauf.

"Erst erzählen!"

Alfred verdrehte die Augen.

"Der Peter hat uns ein Engagement in Recklinghausen verschafft, auf den Jazztagen. Und Radio ist auch noch dabei."

"Und wo ist das Problem?", wollte Anna wissen.

"Na stellen sie sich mal vor, sie sollten morgen bei der Mülheimer Kriminalpolizei anfangen und meinen Posten übernehmen. Von jetzt auf gleich. Ungefähr so ein Gefühl ist das."

Anna nahm die Hand vom Eierlikör. Alfred kippte sich das Pinnken wieder hinein und schaute seine Vermieterin erleichtert an. *Endlich versteht sie*, dachte er.

"Tut sich gut anfühlen", sagte Anna ungerührt. "Würde ich machen." Und als sie Alfreds entgeisterten Blick sah, fügte sie hinzu: "Und sie sollten mit ihrer Tröte dahin gehen. Was kann schon passieren? Ihr spielt bei diesem Jazz doch immer, was ihr gerade wollt. Oder nicht?"

Alfred schob ihr resigniert das leere Glas hinüber, das Anna erneut füllte. »Sag nicht Tröte zu meinem Instrument«, murmelte er, aber es klang nicht wie ein Widerspruch.

***

Alfred setzte das Kornett an und blies sacht hinein. Kein Ton war zu hören. Er setzte wieder ab, legte den Kopf in den Nacken, schloss die Augen und dachte: Ich bin gar nicht hier, ich träume das alles. Nachher wache ich auf und liege in meinem Bett. Also los, im Traum kann ich alles wagen. Er öffnete die Augen, setzte das Instrument noch einmal an und blies kontrolliert und kräftig. Död - dödöd - död - did. Er intonierte den C Jam Blues, Hucky fiel am Drumset ein, Konny stützte ihn am Bass und Peter umspielte alles mit der Klarinette. Innerhalb von Sekunden hatten sie ihn, den Swing. Sein Solo war längst nicht so brillant wie das von Louis Armstrong, aber es hat Swing. Das hatte er damals gelernt, als er in den Staaten den Jazz für sich entdeckte: Es kommt nicht darauf an, dass du jeden Ton richtig triffst, der Rhythmus muss stimmen, es muss swingen. Und den Swing hatten sie, zumindest bei dieser ersten Probe in Recklinghausen. Man hatte ihnen ein Hinterzimmer in einem verrauchten Gasthof zugewiesen – Fuselkneipe sagte Peter –, sie hatten die Stühle und Tische einfach aus der Mitte an den Rand geschoben, und sich in die Mitte gestellt.

Und es lief gut, was Alfred nicht gedacht hatte. Sie hatten den ganzen Abend bis lang nach Mitternacht in Mülheim geprobt, kaum vier Stunden geschlafen, einen Kaffee, kein Frühstück, dann mit Huckys Opel Kadett aus dem Jahr 1938 nach Recklinghausen, weil in Peters Karmann Ghia der Kontrabass nicht hineinpasste, zumindest nicht gleichzeitig mit allen Musikern. Und nun standen sie und jazzten sich die Seele aus dem Leib, der nur von zwei Schnäpsen zusammengehalten wurde, die sie auf ihre nüchternen Mägen kurz zuvor noch genommen hatten. Als sie aufhörten, sahen sie sich an und nickten sich gleichzeitig zu. »So könnt's gehen«, sagte Hucky. »Ganz sicher«, bestätigte Peter. Konny und Alfred nickten nur.

Da kam ein Klatschen von der Tür. Sie drehten sich um und sahen dort eine schlanke junge Frau am Türrahmen lehnen. Ihr schwarzes Haar umrahmte den schmalen Kopf und gab ihm Fülle, das dunkle Kleid ließ die Arme frei, fiel ihr aber fast bis auf die Füße herab. Eine dünne Jacke war lose über die Schultern gelegt. Eine Lady, dachte Alfred und schaute verstohlen, ob irgendetwas an ihm nicht in Ordnung war. »Jungs, das war klasse, so kann das was werden mit uns. Dabei dachte ich noch vor einer halben Stunde, Hobbymusiker aus dem Pott, Inge du bist am Arsch.« Doch keine Dame, stellte Alfred ein wenig ernüchtert fest. »Aber jetzt bin ich beruhigt. Swing habt ihr und den Rest bekommen wir bis morgen hin.« Sie warf ihre Jacke über einen Stuhl und ging dann in ihre Mitte. »Ich bin die Inge. Wer ihr seid, erzählt ihr mir nachher. Jetzt ›Summertime‹. Sie schnippte den langsamen Rhythmus mit der linken Hand vor, Alfred blies das langsame Intro, wie sie es gestern geprobt hatten. Als er den letzten Ton ausklingen ließ, setzte die Sängerin ein, mit einer Stimme, die Alfred einen Schauer den Rücken hinuntertrieb. Meine Güte, dachte er, gleich knie ich vor ihr. Da kamen auch schon

Hucky und Konny, Peter begleitete mit minimalistischen Figuren am Klavier und Alfred musste sehen, dass er seinen Einsatz nicht verpasste.

Drei Stunden übten sie, ohne an etwas anderes zu denken, als an Musik. Sie harmonierten gut mit der Sängerin, allerdings hatte Alfred das Gefühl, dass es ausschließlich an ihr läge, dass alles so gut klappte, na ja, fast alles. Es gab schon noch Ecken und Kanten und zweimal hatte Inge einen Wutanfall und benutzte Schimpfwörter, die Alfred im Leben noch nicht gehört hatte, und er kannte einiges an unflätigen Zoten von seinen »Klienten«. Aber das waren kurze, momentane Irritationen. Nach drei Stunden sagte Inge lachend: »Wenn ich jetzt nicht was zu essen bekomme, falle ich um und stehe nicht mehr auf.« Da merkten sie, wie hungrig sie waren. Alfred wurde es für einen Moment sogar richtig schlecht und hätte das mit dem Umfallen beinahe selbst praktiziert. Aber ums Eck gab's ein kleines Restaurant, in dem sie sich den Magen vollschlugen und das Ganze mit ein paar Schnäpsen und Bier auflockerten. Sie verstanden sich prächtig mit Inge. Oder Inge mit Ihnen? Von ihr erfuhren sie dann auch, dass Jutta Hipp nicht kommen würde. »Sie hat es nicht rechtzeitig aus den Staaten hier geschafft«, sagte sie, »oder wollte es nicht schaffen«. Das fanden alle schade, denn ihre Platten kreisten unter den Freunden. »Dafür darf ich singen«, sagte Inge. »Für mehr als eine Lückenbüßerin reicht es noch nicht.« Wogegen alle protestierten.

Danach probten sie noch bis weit in den Abend hinein. Alle – sogar Alfred – waren zuletzt sicher, dass es morgen kein Reinfall würde. Die vier Songs saßen. »Gehen wir noch einen trinken?«, fragte Peter. »Ich nicht«, sagte Inge. »Normalerweise bin ich keine Spielverderberin, aber ich habe die letzten Nächte kaum geschlafen, diese Nacht will ich brav sein und versuchen auszuschlafen, damit ihr morgen nicht eine unausgeschlafene, schlecht gelaunte Sängerin habt, die nicht weiß, wo ihre Stimme geblieben ist.« Aber auch die vier standen nicht lange am Tresen. Dem sonst unermüdlichen Peter wurde als erstem weich in den Knien und da verzogen sie sich alle auf ihre Hotelzimmer.

***

»Ein Scheiß ist das!«

Inge knallte ein Telegramm auf den Tisch. Es landete auf dem Marmeladenbrötchen, das Peter sich gerade geschmiert hatte. Mit spitzen Fingern zog der es herunter und schaute skeptisch auf seine Brötchenhälfte. Inge ließ sich krachend auf den Stuhl fallen, stieß dabei mit einem Bein an den Tisch. Der Kaffee in sämtlichen Tassen schwappte über. Alfred hielt vorsichtig mit der linken den Tisch fest, mit der rechten legte er seine Brötchenhälfte, die er gerade zum Mund zu führen im Begriff war, zurück auf den Teller.

»Was ist passiert?«, fragte er sachlich und direkt, fast wie bei einem Verhör.

»Von wegen Mumps, die Jungs haben eine handfeste Lebensmittelvergiftung.«

»Deine Kinder?«, fragte Hucky.

Inge musste lachen und entspannte sich.

»Nein, meine Combo. Ich muss mich doch mit euch zufriedengeben, weil meine Musiker vorgestern plötzlich krank geworden sind. Allesamt gleichzeitig. Und jetzt erfahre ich, dass sie eine schwere Lebensmittelvergiftung haben.«

Alfred schüttete ihr Kaffee ein.

»Und die Trompete will aufhören! Selbst wenn die anderen in ein paar Tagen wieder einsatzfähig sind, ist die Combo nicht vollständig.«

»Was haben die denn gegessen?«, fragte Peter.

»Weiß ich's?«, in Inges Stimme klang schon wieder Gereiztheit durch. »Ich glaube sowieso nicht, dass dies ein Zufall ist. So viele Pannen, wie es in den letzten zwei, drei Wochen gegeben hat. Mal fiel das Auto auf dem Weg zu einem Auftritt aus, mal verschwanden Instrumente. Einmal kamen wir zu einem Engagement und es spielte bereits jemand anderes. Wir hätten abgesagt, hieß es.«

Hucky schüttelt ungläubig den Kopf, sagt aber nichts.

»Irgendjemand sabotiert mich«, stöhnte Inge.

»Welchen Grund könnte dieser Irgendjemand haben?«, fasste Alfred nach.

»Keine Ahnung«, seufzte Inge. »Neid? Missgunst? Rache?«

»Rache wofür?«, will Alfred wissen. Doch Inge hob nur kurz ihre Schultern und ließ sie wieder fallen. Sie nahm die Tasse und trank den Kaffee in einem Zug aus. Dann schmiss sie die Tasse quer durch den Raum, verfehlte knapp die Bedienung. An der gegenüberliegenden Wand zersprang sie in hunderte kleine Porzellanscherben.

***

Geprobt haben sie nach dem Frühstück ein letztes Mal, dann hat Inge gesagt, dass es reiche. Sie waren um 17:30 Uhr dran und alle sollten pünktlich eine halbe Stunde vorher da sein, besser noch ein bisschen früher. Da die Ensembles vorher für die Mülheimer Freunde nicht interessant genug waren, beschlossen Peter, Hucky und Konny sich noch ein bisschen aufs Ohr zu legen und am späten Nachmittag gemeinsam zum Veranstaltungsort zu fahren. Alfred wollte in Recklinghausen einen Besuch machen – bei einem alten Bekannten, sagte er. Dass es eine Jugendliebe aus Hamm war, die nun in Recklinghausen lebte, verschwieg er. Es war auch nicht ganz einfach zu erklären welche Methoden er anwenden musste, um sie zu finden. Außerdem wusste er nicht, ob er überhaupt den Mut aufbringen würde, ihr tatsächlich gegenüberzutreten. Deshalb murmelte er noch etwas von entfernter Verwandtschaft und zog davon.

Er umrundete das Haus, in dem sie leben sollte, in immer enger werdenden Kreisen. Als er dann dem Eingang nicht mehr ausweichen konnte, ging er einfach vorbei. Auf einem Spielplatz meinte er sie gesehen zu haben, doch beim Näherkommen hatte er dann wieder seine Zweifel, also machte er sich schließlich auf zu den Jazzveranstaltungen, hörte eher lustlos und unkonzentriert einigen regionalen Jazzbands zu, umkreiste aber meistens mit seinen Gedanken Punkte seiner eigenen Vergangenheit.

»Schon was gutes gehört?«

Alfred schreckte hoch. Inge ließ sich auf den Stuhl neben ihn fallen.

»Nicht wirklich«, sagte Alfred, »aber so genau habe ich heute nicht zugehört, ich war mit meinen Gedanken woanders.«

»Das konnte man sehen«, sagte Inge. »Wir haben noch eine halbe Stunde. Wo sind die anderen?«

Alfred sah sich um. »Ich weiß nicht«, sagte er. »Aber Peter gehört normalerweise zu den überpünktlichen. Er wird gewiss bald kommen.«

***

Alle drei waren rechtzeitig aufgebrochen und losgefahren. Sie waren gut gelaunt, fast fröhlich. Viertel vor fünf stellte Hucky seinen Kadett auf dem Parkplatz nahe der Veranstaltungshalle ab.

»Auf geht's, Jungs«, sagte er und zog den Zündschlüssel ab. In diesem Moment schoben sich rechts und links zwei Lastwagen neben sie, mit weniger als einer Fingerdicke Abstand zu Huckys Auto. Die Fahrer der LKWs verschwanden schneller als sie Luft holen konnten.

»Also sowas ...«, entfuhr es Peter.

»Was soll das?«, brüllte Konny.

»Lasst uns raus, raus, raus!«, fiel Hucky in das Geschrei ein.

»Hört auf«, sagt Peter, nachdem sie eine Weile gebrüllt hatten. Überraschenderweise taten sie es.

»Und nun?«, fragte Konny. »Wie kommen wir jetzt wieder raus?«

»Ganz einfach«, sagte Peter. »Du fährst rückwärts raus. Nach vorne geht ja leider nicht, da ist eine Wand.«

»Genau«, lachte Hucky. »Das wir da nicht draufgekommen sind. Einfach rückwärts rausfahren.« Er schlug sich auf die Schenkel und kriegte sich gar nicht mehr ein.

»Nu mach scho!«, knurrte Konny.

Hucky drehte den Schlüssel und ließ den Wagen an, dann legte er den Rückwärtsgang ein und schaute in den Rückspiegel. Da wurde er blass und schaltete den Motor wieder aus.

»Was ist los?«, fragte Peter gereizt.

»Schaut euch doch mal um«, sagte Hucky.

Ein dritter LKW hatte sich genau hinter sie gesetzt, so dass ein zurückweichen nicht möglich war.

***

Inge würde gleich explodieren, das stand für Alfred ohne Zweifel fest. Auf offener Bühne und mit einer Gewalt, die Zerstörung hinterlassen würde. Es war schon fünf Minuten über die Zeit und von den anderen Jungs noch keiner zu sehen. Mehr aus Ratlosigkeit, vielleicht auch aus Angst vor dem, was passieren könnte, setzte er sich ans Klavier und begann mit »Round midnight«, mit reduzierten Akkorden und mehr den Rhythmus betonend. Wenn es schon zur Katastrophe kommen sollte, dann wenigstens durch Musik, ging es ihm durch den Kopf. Doch die Katastrophe blieb aus. Die Töne hatten bei Inge vielleicht unbewusst in einen anderen Modus umgeschaltet, den der Sängerin. Und da es ein ruhiges, langsames Lied war, schob dies die Katastrophe noch etwas hinaus. *Hoffentlich* dachte Alfred und mehr konnte er schon gar nicht mehr denken, denn er ließ sich ganz auf die Sängerin ein, die er nun ganz allein begleiten musste.

***

»Hinten, vorne und an den Seiten zugestellt – was machen wir denn jetzt?« Hucky war kurz vor dem Hyperventilieren. Peter sah auf die Uhr. Zehn Minuten noch bis zu ihrem Einsatz. Panik kam auch in ihm hoch. Dann hatte er eine Idee.

»Die Rückbank!«

»Was?« Die anderen verstanden ihn nicht.

»Die Rückbank abbauen, dann kommen wir in den Kofferraum.«

»Und dann?«, wollte Konny wissen. »Wie kriegen wir den auf?«

»Mit Gewalt!«, sagte Peter. »Hucky hat ja immer Werkzeug drin liegen.«

»Ihr wollt meinen Kadett kaputt machen?«, kreischte Hucky. Aber Konny und Peter waren schon dabei, die Rückbank zu lockern.

***

Alfred wusste langsam nicht mehr weiter. Seine Fähigkeiten am Klavier waren rudimentär. Er konnte nicht alles Inge überlassen, aber wenn jetzt auch noch ein Klaviersolo von ihm verlangt würde, dann wäre alles vorbei und die Katastrophe da. Plötzlich schob sich Peter neben Alfred auf den Klavierhocker. Mensch, wo wart ihr denn, wollte er fragen, aber das ging jetzt nicht. Auch Hucky saß hinter seinem Drumset und mischte mit den Besen den Rhythmus etwas auf und als Alfred den ersten wummernden Ton von Konnys Kontrabaß hörte, stand er auf und griff sich das Kornett, das auf dem Klavier lag. Er sah zu Inge, die nickte ihm zu und so setzte er an und blies sich die Erleichterung in einem langen, langsamen, getragenen Solo über Thelonius Monks Mitternacht aus der Seele.

Dann lief es wie geschmiert, besser als bei allen Proben. Nicht nur Inge, jeder ging dabei aus sich heraus und, was nicht selbstverständlich ist, auf die anderen ein. »Eine so homogene Darbietung«, schrieb Joachim Ernst Behrend später in der Frankfurter Allgemeinen Zeitung, »hat man selten gehört, dazu noch von völlig unbekannten Musikern, von der Sängerin einmal abgesehen.« Man klatschte sogar noch eine Zugabe heraus, die dann mangels Repertoire der C-Jam-Blues wurde, zu der Inge eine Scat-Einlage lieferte und sogar ein paar Takte auf der Bühne steppte. Auch im Publikum wurde getanzt und für einen Moment glaubte Alfred Anna Puff unter den Tanzenden zu sehen, schalt sich aber einen Idioten und konzentrierte sich wieder auf die Musik.

Jetzt ist alles wieder gut, dachte Alfred. Doch da täuschte er sich. In der Garderobe drehte sich Inge um und sah die drei Verspäteten mit einem derart kalten Blick an, das Alfred schien, die Eisblumen kämen an den Fenstern hoch. »Wo wart ihr Arschlöcher?«, fauchte sie. Als nicht gleich eine Antwort kam, weil alle geschockt dastanden, griff Inge zu dem nächstbesten – einem Schirm -, um damit um sich zu schlagen.

»Man hat uns sabotiert«, sagte Peter hastig. »Man wollte verhindern, dass wir zu dem Auftritt kommen.«

»Ja«, stöhnte Hucky, »man hat unser Auto zugestellt von allen Seiten. Wir konnten keine Tür mehr öffnen.«

Inge stellte den Schirm wieder weg.

»Wer war das?«

»Keine Ahnung«, sagte Peter und erzählte alles.

»Und wie seid ihr dann doch rausgekommen?« wollte Alfred wissen.

Als auch das geklärt war, lachte Inge.

»Mit Euch habe ich mehr Glück, als ich zu denken wagte. Ihr lasst euch nicht unterkriegen und legt dann auch noch eine super Musik hin. Profis hätten das nicht besser gekonnt.«

Alle schwiegen, Konny und Peter lächelten, Alfred wurde sogar ein bisschen rot. Nur Hucky schaute griesgrämig drein.

»Was ist los?«, fragte Inge.

»Mein Kadett ist demoliert«, maulte er.

Da mussten alle lachen, laut und anhaltend und sogar Hucky lachte zuletzt mit.

»Jetzt aber wieder ernst«, sagte Inge, nachdem sie sich wieder beruhigt hatten. »Krisensitzung! Es muss doch herauszubekommen sein, was hinter allem steckt.«

»Dafür hast Du ja auch gleich den richtigen in der Combo«, sagte Konny.

Inge sah ihn fragend an. Peter deutete auf Alfred.

»Er ist Kriminalkommissar.«

Man braucht keine Feinde mehr, dachte Alfred, wenn man solche Freunde hat.

»Also dat war mal eine töfte Musik«, tönte es von der Tür her. »Mich hat es so in den Beinen gejuckt, dat ich mittanzen musste.«

Alle schauten irritiert auf Anna Puff, die im Türrahmen stand. Sie hatte sich in eine viel zu enge Nietenhose gezwängt und auch der schwarze Rollkragenpullover geriet ihrer Figur nicht unbedingt zum Vorteil. Habe ich mich doch nicht geirrt, dachte Alfred und stöhnte.

»Frau Puff – was machen Sie denn hier?«

Ehe sie antworten konnte, fragte Inge: »Wer ist das denn?«

Anna trat zwei Schritte vor: »Gestatten, Anna Puff aus Mülheim. Ich bin Zimmervermieterin und der Herr Poggel ist mein Untermieter. Und im Nebenberuf bin ich freie Mitarbeiterin bei der Mülheimer Kripo.«

Alfred wollte in den Boden versinken, aber Inge nahm das irgendwie positiv aus.

»Das ist ja prima«, sagte sie. »Auf sie haben wir gewartet. Dann kommen sie mal mit dazu, denn wir haben einen Fall zu lösen.«

Alfred war nicht imstande, etwas zu erwidern.

***

Sie hatten sich in einer ruhigen Eckkneipe zusammengesetzt. Peter, Hucky und Konny empfahlen sich nach einem

Bier, weil Huckys Kadett repariert werden musste. Inge wollte die Kosten übernehmen, aber die drei lehnten das ab. Es sei ihnen eine Ehre, worauf Inge lachen musste. Kein schlechter Start, fand Alfred. Die Puff würde er sich später vornehmen, vorerst hieß es gute Miene zu bösem Spiel machen. Doch Inge und Anna verstanden sich gut, sie redeten auf gleichem Niveau, was Alfred vorerst ausschloss. Als es ihm zu dumm wurde, unterbrach er sie.

»Wann fing das denn mit diesen Missgeschicken an?«

»Schon vor der Skandinavientour«, sagte Inge nach kurzem Nachdenken. Also so etwa vor drei Monaten. Erst waren es nur Kleinigkeiten – es fehlte ein Kabel, der Sprit aus dem Auto war geklaut worden, ein Kleid, das ich für Auftritte gerne anzog, lag zerschnitten in der Garderobe …«.

»Dat is ja nich zu fassen«, entfuhr es Anna. »Kleider zerschneiden, dat ist ja wie auf Hostien spucken.«

Alfred sah sie irritiert an. War Anna streng katholisch? Bisher hatte er so etwas an ihr gar nicht bemerkt. Eher das Gegenteil.

»Und dann wurde es schlimmer. Ich erzählte es bereits: Engagements wurden hinter unserem Rücken abgesagt, Instrumente gestohlen, und zuletzt die komplette Band lebensmittelvergiftet. Und was euch passiert ist geht ja wohl auch nicht auf Kosten von Rainer.«

»Rainer?«, fragte Alfred verwirrt.

»Zufall«, gickerte Anna, »Rainer Zufall«.

Inge und Anna kriegten sich vor Lachen nicht ein während Alfred sich ärgerte und schließlich aufstand.

»Dann bin ich ja wohl nicht mehr nötig«, sagte er und wollte gehen. Doch da spürte er Inges Hand an seinem Arm. Sanft zog sie ihn zurück, drehte ihn um, hauchte ihm einen Kuss auf die Wange und sagte: »Nicht böse sein. Es geht nicht gegen dich. Aber so etwas brauche ich auch – als Ventil – oder ist es dir lieber, wenn ich um mich schlage und nichts als Scherben hinterlasse?«

Alfred war schon wieder rot geworden. Er schüttelte den Kopf und setzte sich wieder.

»Nun gut«, sagte er, »lassen wir den Herrn Rainer mal beiseite, er spielt ja offensichtlich keine Rolle. Wer könnte denn dies alles veranlasst haben? Ein verflossener Liebhaber? Einer den du zurückgewiesen hast?«

Inge überlegte.

»Mein Ex managt mich. Das klappt jetzt eigentlich ganz gut. Vorher gab es immer Zoff, weil er so eifersüchtig war, aber jetzt hat er eine Neue und ich habe meine Ruhe. Dabei ist er sehr geschäftstüchtig. Nach Libyen soll ich demnächst und den Dänen und Schweden haben meine paar Auftritte letztens so gut gefallen, dass es nächstes Jahr eine große Tournee geben soll, auch nach Norwegen und Finnland. Nein, der gibt sich richtig Mühe und über die abgesagten Engagements hat er sich mächtig geärgert. Er verliert doch auch dabei.«

»Und die Konkurrenz?«

»Andere Sängerinnen – Musiker? Nee, da herrscht ein anderer Umgang miteinander. Das glaube ich nicht, dass aus dieser Richtung was kommt.«

»Et könnt ja auch eine Mischung sein«, warf Anna ein.

»Wie das?«, wollte Alfred wissen.

»Na wer ist zurückgewiesen worden als Musiker, zum Beispiel in deiner Kapelle.«

Inge schüttelte den Kopf, überlegte dann aber doch.

»So richtig reißen tut sich um mich noch niemand. Eher weißt man mich zurück, zum Beispiel dieser jungen Klavier- und Klarinettenspieler aus Düsseldorf, Klaus … wiehießderdochnochmal?«

»Doldinger«, sagte Alfred. »Ja, den habe ich auch schon gehört. Beachtliches Talent.«

»Später, Inge, hat er mir gesagt, erst muss ich noch mein Abi machen. Aber das hat ihn ja nicht gehindert mit seinem Trio durch die Kneipen zu ziehen.«

»Nun ja«, erwiderte Alfred. »Es ist aber sein Trio und er kann bestimmen, wann er ablehnt und fürs Abi lernt.«

»Mag sein.«

Inge überlegte wieder.

»Höchstens diese Tussi, diese Lena.«

Alfred sah sie neugierig an.

»Die wollte von mir das Singen lernen, krächzt dabei wie ein Rabe. Naja, jetzt ist sie das Betthäschen von Bruno.«

»Wer ist Bruno?«

»Na mein Manager, mein Ex.«

Alfred schwieg, aber Anna konnte nicht an sich halten.

»Also wenn die mal nicht für alle die Malessen verantwortlich ist.«

»Meinst du?«, fragte Inge. »Aber das ist so eine schüchterne, so ein Mauerblümchen, so eine, die sich immer wegduckt.«

»Dat sind die Schlimmsten«, bestätigt Anna.

»Kannst Du uns Deinem Manager mal vorstellen«, fragte Alfred.

»Doch das geht, aber dann musst Du bis morgen bleiben. Er holt mich nach dem Frühstück vom Hotel ab und sicher hat er auch sein Lenchen dabei.«

Alfred überlegte. Halben Tag Urlaub nehmen? Das widerstrebte ihm, andererseits hatte er noch so viele Überstunden. Kurz entschlossen stand er auf und ließ sich vom Wirt das Telefon geben. Er rief seine Mitarbeiterin, die Stankowski an – die konnte man daheim per Telefon erreichen – und sagte ihr, dass er wegen dringender familiärer Angelegenheiten morgen nicht käme. Vielleicht am späten Nachmittag. Dann ging er zurück zum Tisch, wo Anna und Inge wieder am Gackern waren.

»Bis morgen früh«, sagte er und verließ dann die Kneipe, nicht ohne vorher noch die Getränke für alle bezahlt zu haben.

***

Peter, Konny und Hucky fuhren noch in der Nacht nach Mülheim zurück. Sie nahmen Anna mit, die sich zunächst sträubte. Sie könne doch noch helfen, lamentierte sie, doch Alfred setzte sich durch. Sie habe schon viel geholfen und jetzt käme es nur darauf an, die richtigen Schritte zu unternehmen. Als Inge ebenfalls in diese Kerbe schlug, willigte Anna schließlich ein. So saß Alfred am nächsten Morgen allein bei Inge am Frühstückstisch – und genoss dies. Dass Bruno nicht wie vereinbart um neun Uhr auftauchte, störte ihn gar nicht. Um halb zehn wurde aber auch er unruhig. War da wieder was im Busch?

»Ach, da kommt Lenchen«, sagte Inge und deutete zur Tür hin. »Da wird Bruno auch nicht weit sein.«

Alfred folgte kritisch ihrem Finger und sah eine schlanke, durchaus attraktive Blondine auf ihren Tisch zusteuern. Sie hielt eine Tasse in der Hand, vermutlich ein Kaffee, den sie noch an ihrem Tisch trinken wollte. Aber irgendetwas beunruhigte ihn, schien ihm nicht ganz in das Bild einer Kaffee-trinkenden-jungen-Frau passen zu wollen.

Später schilderte er die Situation so, dass sich für ihn plötzlich die Zeit dehnte, dass alles in Zeitlupe abgelaufen wäre, als sie fast ihren Tisch erreicht hatte. Die weit vor sich gehaltene Tasse fand er merkwürdig und als ein eigenartiger Geruch – eher ein Hauch, denn eine konkrete Wahrnehmung – ihn erreichte, schob er mit der Linken den Tisch Richtung Inge, so dass sie langsam mit ihrem Stuhl nach hintüber kippte, und trat mit dem rechten Fuß quälend langsam den Stuhl auf die Frau zu, so dass diese zusammenknickte und ebenfalls zu Boden ging.

Inge dagegen sagte später, dass alles blitzschnell gegangen war. Sie lag am Boden, ehe sie es recht begriffen hätte und einen Wutanfall hätte nur verhindert, dass fast zeitgleich Lenchen angefangen hätte wie irre zu schreien. Als sie wieder stand, krümmte sich Lena vor Schmerzen am Boden und hielt sich ihre Hände vor das Gesicht.

»Vorsicht«, sagte Alfred, als sie nähertreten wollte. »Säure!« Und dann sah sie auch die Blasen im Linoleum des Bodens. Den Säureanschlag auf Inge hatte Alfred erfolgreich verhindert. Der größte Teil der gefährlichen Substanz war zu Boden gegangen, ein paar Spritzer hatte die Frau aber auf ihre Hände und ins Gesicht bekommen. Arzt und Polizei waren schnell zur Stelle, etwas länger dauerten die Erklärungen und die Beweisaufnahme. Blieb am Ende die Frage: Warum das alles?

»Und wo in Dreiteufelsnamen ist Bruno?«, fragte Inge schließlich.

Alfred beschloss, mit Inge nach Frankfurt zu fahren, wo sie wohnte und ihr Manager sein Büro hatte.

***

Als Anna mit der Flasche Eierlikör aus der Kammer kam, winkte Alfred ab. Es war ohnehin nicht mehr viel drin. Er ging auf sein Zimmer und kehrte mit einer Pappröhre zurück, aus der er eine Flasche zog und auf den Tisch stellte.

»Buffalo Tratze«, entzifferte Anna.

»Buffalo Trace«, sagte Alfred korrekt mit amerikanischem Akzent. »Whiskey aus Amerika. Habe ich von Inge bekommen.«

»Hab‘ ich noch nie getrunken«, kommentierte Anna.

»Am besten eine Kanne Wasser dazu auf den Tisch«, sagte Alfred. »Eiswürfel wird es in einer Küche wie dieser wohl nicht geben.«

Anna sah ihn schief an, ging zu ihrem Kühlschrank, öffnete das kleine Gefrierfach und zog eine Blechschale heraus, die sie in die Spüle knallte. Eine halbe Minute später stand ein Schälchen mit Eiswürfeln vor dem verblüfften Alfred. Er warf je drei in eines der beiden Gläser, die Anna hinzugestellt hatte und schüttete einen Fingerbreit der braunen Flüssigkeit darauf.

»Gez azähl ma, wie dat ausging mit der Inge«, fragte Anna neugierig. »Ich fürchtete schon, du brennst mit der durch und ich müsste mich nach einem neuen Untermieter umschauen.«

Alfred lachte. »Hätte gut so kommen können. Sie hat mir einen Job in ihrer Truppe angeboten. Ihr Trompeter hatte nämlich gekündigt. Aber das Leben als Musiker ist mir dann doch zu unsicher. Deshalb habe ich der Inge einen Korb gegeben.«

»Nur deswegen?«, fragte Anna lauernd. Alfreds Selbstsicherheit schwand.

»Nun ja«, gestand er. »Ich gebe zu, ich habe mich der Aufgabe nicht gewachsen gefühlt. Es ist etwas anderes, ob man mal einen guten Tag hat an dem man sauber spielt, oder ob man als Musiker ständig Hochleistungen bringen muss. Das kann ich nicht. Dazu fehlt mir die Ausbildung und noch mehr die jahrelange Erfahrung, die die anderen haben.«

Anna nickte.

»Und dann ist da auch noch mein Beruf«, ergänzte Alfred. »Ich bin nun einmal auch Kriminalkommissar und habe eine Aufgabe. Die kann ich nicht mir nichts dir nichts einfach wegwerfen.«

Beide nahmen nun ihr Glas und nippten daran. Alfred stellte es, ohne die Miene zu verziehen wieder weg. Anna sagte: »Bah, da ist mir mein Eierlikör aber lieber.«

Alfred schmunzelte, sagte aber nichts.

»Nu will ich aber wissen, wie dat mitte Inge ausgegangen ist«, sagte Anna. »Ich wurde schnöde nach Hause geschickt, obwohl ich die Lösung des Rätsels geliefert hatte.«

»Na, soweit würde ich jetzt nicht gehen«, sagte Alfred. »Aber einen hilfreichen Tipp, den gestehe ich schon zu.«

Anna zog eine Schnute und probierte nochmal ein bisschen vom Whiskey.

»Vor allem interessiert mich, wieso und warum diese Lena das alles verbrochen hat. Doch nicht nur, weil sie die Inge nicht leiden konnte.«

»Im Grunde genommen schon«, sagte Alfred. »Sie kam aus schwierigen Verhältnissen. Der Vater Alkoholiker, die Mutter Prostituierte im Nebenerwerb, die Brüder alle mehr oder weniger Kleinkriminelle, zurzeit aber mit fester Arbeit im Kohlehandel. Daher auch die LKWs, mit denen sie Hucky, Peter und Konny zugestellt hatten. Als Inge nicht helfen wollte, Lena zu einer Karriere im Unterhaltungsbusiness zu kommen, sah diese rot und sann auf Rache. Bruno, ihr Manager merkte davon nichts, bis sie ihn sozusagen aushebelte.«

»Ach ja, ihr seid doch noch nach Frankfurt gefahren und habt ihn gesucht, nicht wahr?«

»Und wir haben ihn gefunden«, bestätigte Alfred. »Sie hatte gefordert, dass er Inge rausschmeißt und die bereits gebuchten Engagements ihr überlässt. Da hat er sie ausgelacht und gesagt, Mädel, du kannst ja gar nicht singen. Sie hat ihn mit einer Flasche – so einer ...«, dabei zeigt er auf die Whiskey-Flasche, »... niedergeschlagen, anschließend gefesselt, geknebelt und liegen gelassen.« Als wir ihn fanden, war er schon total dehydriert.«

»Dehü... was?«

»Dehydriert, oder vereinfacht gesagt: ausgetrocknet. Er brauchte dringend Wasser. Außerdem musste seine Wunde versorgt werden. Im Krankenhaus hat man eine leichte Gehirnerschütterung festgestellt. Inzwischen dürfte die Beule abgeschwollen sein.«

»Ach herrje«, sagte Anna und nippte ein drittes Mal an ihrem Glas. »Schmeckt dann doch irgendwie interessant«, sagte sie. »So im Nachhinein. Aber was wird nun aus dieser Lena?«

»Wenn die aus dem Krankenhaus kommt – sie hat sich die Hände verätzt mit ihrer verdünnten Salzsäure, und auch einige Spritzer ins Gesicht bekommen. Mit ihrer Schönheit ist es vorbei. Wenn die also von der Klinik entlassen wird, wandert sie in den Knast. Da kann sie sich an ihr neues Aussehen gewöhnen. Zeit dafür hat sie dann ja.«

»Dat arme Ding.«

»Das ist sie, dazu noch sehr jung, gerade mal zwanzig. Und es ist niemand da, der sich um sie kümmern kann.

Die Brüder sitzen selber ein, der Vater ist ständig blau und die Mutter soll gesagt haben, dass sie mit dem Balg schon immer Ärger gehabt hat und sie dorthin soll, wo der Pfeffer wächst.«

Anna lief rot an.

»Also so wat kann ich übahaupt nich ab«, sagte sie und nahm zur Bekräftigung einen großen Schluck, worauf sie einen Hustenanfall bekam. Alfred sprang auf und klopfte ihr auf den Rücken.

»Es ist eine traurige Geschichte«, bestätigte Alfred. »Aber für unsereins ist diese Sache jetzt zu Ende. Es müssten sich andere um sie kümmern. Doch dafür sieht es in unserer Gesellschaft nicht gut aus. Wenn sie rauskommt, ist sie gebrandmarkt – nicht nur durch die Säure.«

Anna schlug mit der Faust auf den Küchentisch und wollte etwas sagen, bekam aber nur einen neuen Hustenanfall, den Alfred dieses Mal ohne Rückenklopfen einfach ausklingen ließ.

*Horst-Dieter Radke*

# Oh du Fröhliche …

*1958*

Anna Puff war besorgt. In all den Jahren, in denen ihr Untermieter, Kriminaloberkommissar Alfred Poggel bei ihr wohnte, hatte er es über Weihnachten nie in seiner Stube ausgehalten. Entweder besuchte er Familienangehörige in Hamm oder fuhr ganz woanders hin. Einmal will er in dieser kalten Zeit gar an der Nordseeküste gewesen sein. Nun kam er gar nicht mehr aus seinem Zimmer heraus. *Ob er sich eine vom Gewerbe mit auf's Zimmer genommen hat?* grübelte Anna. Bisher war das noch nicht vorgekommen und sie wollte es sich auch streng verbeten haben, doch in den letzten Tagen war er seltsam abwesend, teilweise auch schroff zu ihr gewesen. Man weiß ja, wie komisch Männer werden können, wenn sie lange eine Frau entbehren müssen. Sie stellte ihren Besen, mit dem sie in der Küche herumgewieselt war, beiseite und öffnete vorsichtig die Tür zum Zimmer ihres Untermieters. Was sie sah, ließ sie schlagartig alle Überlegungen hinsichtlich der moralischen Verlässlichkeit Alfred Poggels vergessen. Er hing halb aus dem Bett heraus über einem Zinkeimer, in dem er Grün-gelblich-schleimiges würgte und literweise Speichel dazu.

»Herr Poggel!« rief sie und trat ins Zimmer. »Was ist denn mit ihnen?«

Der Angesprochene stöhnte nur laut, zog sich wieder ins Bett zurück und drehte sich mit dem Gesicht zur Wand. Anna sah im Zimmer umher. Seine Kleider lagen verstreut auf dem Boden, was sie so auch nicht kannte. Obwohl Mann, hing er doch seine Kleidung abends immer über die Stuhllehne, Hose und Jacket sogar auf den Kleiderständer neben dem Fenster. Sie sah in den Zinkeimer und fuhr angewidert zurück. Was dort für eine Brühe schwamm. Ihr kitzelte verdächtig der Brechreiz im Hals.

»Dat kann so aber nich bleiben«, sagte sie laut. »Da kommen die Bazillen ja gar nicht mehr aussen Zimmer raus.«

Anna öffnete das Fenster, hielt die Luft an, packte den Eimer und verließ den Raum. In der Küche blies der Wasserkessel bereits Dampf zur Zimmerdecke. Sie hatte ihn aufgesetzt, um sich einen schönen, frischen Bohnenkaffee zu kochen. Nun goss sie das Wasser mit großem Schwung in den Zinkeimer und verschwand damit im Bad, wo sie ihn leerte und mit frischem Kalk, von dem sie immer eine Tüte bereitstehen hatte, desinfizierte.

Zurück in Alfreds Zimmer stellte sie den leeren Eimer wieder vor das Bett und sammelte alle am Boden liegenden Kleidungsstücke ein. Sie sah sich um, ob sie noch etwas vergessen hatte. Tatsächlich lag noch ein Taschentuch am Fußende des Bettes. Sie wollte es aufheben, zuckte dann aber zurück, nahm eine Socke Alfreds und hob damit das große, karierte leinene Taschentuch auf, das verdächtig feucht und fleckig aussah.

»Un gez ab damit inne Kochwäsche«, murmelte sie, sah noch einmal zu Alfred, der sich nicht rührte und verschwand aus dem Zimmer. Sie verließ die Wohnung und wollte runter in die Waschküche, um der Wäsche gleich ebenfalls die Bazillen auszutreiben. Kurz hielt sie inne und sah auf die Tür der Nachbarswohnung.

*Komisch*, dachte sie. *Frau Stronski habe ich den ganzen Tag noch nicht gesehen. Gestern auch nicht. Sonst ist die doch fast jeden Tag vor Weihnachten bei mir, um Plätzchen zu bringen und von meinen abzustauben. Ob die auch krank ist? Sie ging die Treppe hinunter. Eins nach dem anderen. Sobald ich mit den Sachen vom Alfred fertig bin, schaue ich dort mal nach dem Rechten.*

Zurück in ihrer Küche und nach einem Blick in das Zimmer ihres Kriminalen schaute sie sorgenvoll auf ihr Telefon. Der Hausarzt Dr. Schubinke hatte seine Praxis bis Anfang Januar zugemacht. Notdienst leistete ein Arzt in Broich. Sollte sie dort anrufen? Sie griff schon zum Telefonbuch, da hatte sie eine andere Idee und wählte die Nummer von Alfreds Dienststelle.

»Ja, hier Anna Puff. Sind Sie es Fräulein Stankowski? ... Prima, es geht nämlich um ihren Chef, um Herrn Poggel ... ja, das weiß ich, dass der Urlaub hat, der ist auch hier in seinem Zimmer ... Wie? Geschenke? Wer denkt jetzt an Geschenke? Hömma, Fräulein, gez hörn se mir mal zu. Alfred geht es nämlich gar nicht gut. Der liegt in seinem Bett, sacht nix und schwitzt und spuckt Rotz und Wasser ... Ja, ja, annen Arzt habe ich auch schon gedacht, nur unser Doktor Schubinke ist in Urlaub und da ... Vertretung, weiß ich doch, nur der is in Broich und sicher hat der gez auch die anderen von unsern Arzt anne Backe. Deshalb habe ich gedacht, ob ... genau, Fräulein Stankowski, dat wollte ich nämlich vorschlagen, dat se den Gerichtsmediziner mal vorbeischicken tun.«

Seufzend legte Anna den Hörer auf die Gabel. *Meine Güte, bis man da mal zu Wort kommt. Aber Hauptsache ein Arzt tut sich den Poggel mal richtig ansehen.*

***

Kaum eine halbe Stunde später, Anna hatte sich den Bohnenkaffee nun doch noch aufgebrüht und setzte gerade die Tasse zum ersten Schluck an, klopft es an ihrer Tür.

»Herr Doktor Reineke? Dat ging aber flott. Kommense rein, kommense rein. Wollen se auch 'nen Kaffee?«

»Danke, Frau Puff. Aber zuerst einmal an den Tatort.«

»Wohin wolln se?«, fragt Anna erschrocken.

»Wo steckt denn der Poggel?«, fragte der Gerichtsmediziner direkt.

Anna ging vor und öffnete das Zimmer, trat ein, gefolgt von ihrem Besuch.

»Da liegt er!«, sagte sie und deutete auf Alfred, der auf dem Rücken lag und sich nun halb aufrichtete.

»Zitatenrichie, was tun sie denn hier?«, krächzte der Kranke.

»Bleib liegen, Poggel«, sagte der Angesprochene und drückte Alfred zurück in die Kissen. Ein Blick in den Eimer, auf dessen Boden schon wieder unangenehmes schwamm, zeigte ihm aber, wie es um ihn stand. Er öffnete seine Tasche, holte eine Pappschatulle heraus und entnahm ihr ein Fieberthermometer. Er wischte es am Ärmel ab, schlug es ein paar Mal nach unten und steckte es Alfred in den Mund. Der machte eine abwehrende Bewegung.

»Ruhig bleiben, alter Junge. Und Mund zulassen. Ich sehe schon, dich hat es richtig erwischt.«

Zu Frau Puff gewandt und auf den Eimer deutend: »Am besten auskochen und wenn sie etwas Kalk haben, zum desinfizieren ...«

»Aber selbstverständlich«, sagte Anna und zog sich pikiert etwas zurück. »Da bin ich ja schon selbst draufgekommen.«

Doch der Gerichtsmediziner hatte sich schon wieder zum Patienten gewandt.

»Da ist nichts zu machen. Die Influenza geht gerade um. Am besten liegen bleiben und ausschwitzen. Kamillentee wäre nicht schlecht, Schuss Rum darin geht auch, aber nicht zu viel. Und Frau Puff schreibe ich gleich ein Rezept aus. Wenn Du Dich vernünftig anstellst, bist du im neuen Jahr wieder auf den Beinen und ganz der Alte.«

Alfreds Augen wurden groß. Neues Jahr? wollte er sagen, aber das Thermometer im Mund hinderte ihn daran. Dr. Reineke stand bereits am Tisch und schrieb das Rezept.

»Frau Puff, wenn sie das besorgen wollen? Ihn selbst können wir in diesem Zustand nicht auf die Straße schicken.«

»Wird gemacht«, sagte Anna, nahm das Rezept an sich und wollte in die Küche zurück. Zu lange mochte sie in diesem Krankenzimmer nicht bleiben.

»Und lüften sie einmal am Tag richtig durch«.

Er ging zu Alfred, zog ihm das Thermometer aus dem Mund und sah drauf.

»Neunundreißig sieben, den hat's ja richtig gepackt.«

»Fast vierzig Grad«, hauchte Anna. »Schafft er es denn noch?«

Der Gerichtsmediziner lachte, verkniff sich ein ‚Unkraut vergeht nicht' nahm seine Tasche und wollte den Raum verlassen.

»Zitatenrichie …«, krächzete Alfred.

»Was ist, Poggel?«

»Das Thermometer … nimmst du das auch für …« Alfred versagte die Stimme.

»Für mein übliches Klientel?« lachte der Pathologe. »Nein, das ist nur für die, die noch ein bisschen Leben haben.«

Im Hinausgehen hörte er Alfred noch erleichtert ausatmen.

***

Die Plätzchen hatte Anna in den Backofen geschoben. Endlich konnte sie die Tasse Kaffee genießen, die sie schon den ganzen Vormittag trinken wollte. Doch da war kümmern angesagt, vor allem um Alfred. Der lag hustend, schnaufend und spuckend im Bett. Zweimal hatte sie schon den Zinkeimer ausgeleert, mit kochendem Wasser und Kalk desinfiziert und neu hingestellt. Sicher wird das auch noch ein drittes Mal nötig sein. Auch das verschriebene Medikament hatte sie geholt. Was war das für eine Prozedur, bis sie ihm das erste Mal die Tropfen verabreichen konnte. Er wollte den Löffel nicht nehmen, er wollte den Mund nicht öffnen. Erst als sie sich auf seine Brust gesetzt hatte, öffnete er zwangsweise den Mund. Da hatte sie ihm die ersten 12 Tropfen, die er dreimal täglich bekommen sollte, direkt hineingetropft. Das nächste Mal wird er es wohl freiwillig machen. Sie lachte.

Plötzlich fiel ihr Frau Stronski wieder ein. Anna setzte die Tasse ab, stand auf, verließ die Wohnung und klopfte gegenüber an die Tür. Nichts rührte sich. Sie klopfte erneut und rief:

»Frau Stronski? Geht es Ihnen gut? Ich wollte nur Bescheid sagen, dass ich die ersten Weihnachtsplätzchen im Backofen habe.«

Nichts rührte sich.

»Frau Stronski?«

Annas Stimme war Besorgnis anzuhören.

»Frau Puff - ich kann jetzt nicht.«

Anna atmete auf. Also war sie da. Also ging es ihr gut. Andererseits – üblich war es nicht, dass die Stronski das durch die geschlossene Tür rief. Die kam, auch wenn sie keine Zeit oder Besuch hatte, immer an die Tür. Im Bademantel, mit Lockenwicklern oder wie sie gerade war. Auch wenn sie krank war. Einmal hatte sie ein Fieberthermometer im Mund, was sie jedoch nicht am Sprechen hinderte. Besuch bekam sie allerdings selten.

»Frau Stronski, kommen sie nachher rüber oder soll ich ihnen ein paar frische Plätzchen bringen?«

Stille.

»Frau Stronski?«

»Ist gut, ist gut. Ich weiß noch nicht. Hab' keine Zeit heute. Ein anderes Mal.«

Anna kehrte in ihre Wohnung zurück. Sie war nun richtig besorgt. Da stimmte etwas nicht. Sie schaute in das Zimmer ihres Untermieters, aber mit dem konnte sie darüber nicht reden. Also nahm sie wieder das Telefon und rief bei der Polizeidienststelle an.

»Ja, Frau Stankowski, hier ist wieder Anna Puff ... nein, dem geht es nicht besser, aber auch nicht schlechter ... Sicher doch, ich kümmere mich um ihn, notfalls mit Gewalt ... da haben sie Recht, da lasse ich keinen Widerspruch zu ... aber Frau ... doch, doch, die muss er nehmen ... Frau Stan... wie? Der Kollege Schnittger ist auch krank? Sie sind ganz alleine auf dem Revier? ... Oh je, und das über Weihnachten! Aber Frau Stankowski, ich mache mir Sorgen um meine Nachbarin, Frau Stronski. Die ist so komisch ... Nein, sie kommt eben nicht an die Tür. Sonst immer, ob es ihr gut oder schlecht geht. Wenn es ihr schlecht geht, ganz besonders, da kommt man fast nicht mehr von ihr los. Und nun gar nichts. Antworten nur auf wiederholtes Klopfen und Rufen. Und sie will noch nicht einmal Weihnachtsplätzchen. Das ist eigenartig ... Nein, ich kenne ihre Verwandten nicht. Sie hat auch nur noch einen Bruder und einen Neffen ... nein, beide nicht aus Mülheim. Ob sie ... Ach, das ist fein, dass Sie nach Feierabend kurz hereinschauen wollen. Vielen Dank Frau Stankowski.«

Sie legte auf, seufzte und trank den Rest des Kaffees aus, der schon kalt geworden war. Plötzlich fuhr sie wie ein Blitz hoch und schoss zum Backofen.

»Ach du meine Güte! Meine Plätzchen!«

Später bestrich sie die Plätzchen mit geschmolzener Kuvertüre. Verbrannt waren sie noch nicht, aber sehr braun geworden. Wenn Schokolade drüber war, fiel das nicht auf. Wegschmeißen kam überhaupt nicht in Frage. Auch wenn es allen inzwischen wieder besserging, die Entbehrungen im Krieg und den Jahren danach waren noch nicht vergessen. Als sie fertig war besah sie sich ihr Werk. Auf vier Bögen Butterbrotpapier war das Weihnachtsgebäck ausgebreitet. Gleich dachte sie wieder an Frau Stronski. Ohne die Schürze abzulegen und die Schokoladenbekleckerten Finger abzuwaschen lief sie zur Tür der Nachbarin und klopfte heftig an.

»Frau Stronski, ich habe die Plätzkes gez fertich. Mit Schoko. Woll'n se ein paar?«

Frau Stronski antwortete nicht. Dafür fing sie aber an zu singen. Anna bekam einen Schreck. *Die Stronski kann gar nicht singen*, dachte sie. Dat weiß die auch. *Die trifft nonimma einen halben oder ganzen Ton daneben, sondern immer einen viertel oder dreiviertel Ton. Dat hört sich an wie'n Grammophon mit Handkurbel.*

Ungeachtete dessen plärrte die Nachbarin:
»Oh – du – fröh-liche-e
Oh – du – see-liche-e
gnaaaa-den-loooo-ose-Weih–nachts-zeit ...«

Anna lief zurück in ihre Wohnung. »Meine Güte, meine Güte. Da muss was passiert sein. Die ist wahnsinnig geworden. Wenn sie sich jetzt was antun tut?« Sie öffnete die Tür zu Alfreds Zimmer, aber der schlief. Den konnte sie jetzt nicht um Rat fragen. Kurzerhand nahm sie einen Teller aus dem Küchenschrank, legte ein paar von den Plätzchen drauf, bei denen die Schokolade schon getrocknet war, ging wieder zurück in den Flur.

»... Chri-ist ist er-schie-ienen
u-uns zu ver-süh-hüh-nen
Freu-eu-e-e, freu-e dich oh Chriii-sten-heit.«

In die auftretendende Pause bollerte Anna an die Tür der Nachbarin.

»Frau Stronski, ich stell ihnen einen Teller mit Plätzkes vor die Tür. Könnse sich gleich reinholen.«

Dann lief sie zurück, schloss ihre Tür laut, damit es drüben zu hören war, kniete sich aber sofort nieder und schaute durchs Schlüsselloch. Eine Weile passierte nichts. Schon wollte sie wieder aufstehen, da ging die Tür drüben, einen Spaltweit auf, eine Hand kam vor und zog den Teller mit den Plätzchen hinein. Dann ging die Tür wieder zu und alles blieb still wie vorher.

Anna stand auf. Sie war blass geworden. Die Küchenuhr zeigte halb Fünf.

»Hoffentlich kommt das Feräulein Stankowski gleich«, sagte sie laut, um sich Mut zuzusprechen. »Was mache ich nur, wenn dem Ungeheuer meine Plätzkes schmecken und es rüberkommt und mehr will? Anna Puff – was hast du da angerichtet?!«

Sie fiel schnaufend auf den Küchenstuhl, ging aber gleich wieder hoch, hastete zum Küchenschrank und holte die Flasche Eierlikör vor.

»Gez brauch ich einen!«

Um viertel nach Fünf klopfte Rosemarie Stankowski an Annas Tür. Anna riss die Tür auf, zog Rosemarie in ihre Wohnung, schloss die Tür heftig und lehnte sich daran.

»Haben Sie ihre Waffe dabei?«

»Was? Frau Puff! Erzählen sie erstmal, was passiert ist!«

»Wenn das Ungeheuer kommt, müssen wir uns wehren können!«

»Welches Ungeheuer?« Rosemarie hatte die halbvolle Eierlikörflasche auf dem Küchentisch entdeckt und bemühte sich, ein Grinsen zu unterdrücken. Sie nahm eines von den Plätzchen und steckte es in den Mund.

»Hm ... lecker ... mit Schoko mag ich die am liebsten.«

»Sie können alle haben«, sagte Anna atemlos. »Aber erst müssen wir das Ungeheuer besiegt haben.«

»Nun mal langsam«, sagte Rosemarie. »Jetzt bringen sie mich erstmal auf Stand.«

»Auf wat soll ich sie bringen?«

»Erzählen sie, was passiert ist.«

Rosemarie ließ sich müde auf den Stuhl fallen und Anna erzählte alles. Davon, dass sie den ganzen Tag nichts von der Stronski gehört hat, dass die nicht zum Plätzchenessen rüberkommen, ja noch nicht mal die Tür öffnen wollte und wie sie zuletzt die Idee hatte, einen Teller mit Plätzchen vor die Tür der Nachbarin zu stellen.

»Und dann«, flüsterte Anna, »öffnete sich die Tür, eine Hand kam vor und zog den Teller in die Wohnung.«

Anna schaute Rosemarie eindringlich an.

»Die Nachbarin hat sich die Plätzchen geholt«, sagte Rosemarie ungerührt. »Vielleicht will sie sich nicht zeigen weil sie Ausschlag bekommen hat oder so was ähnliches.«

Anna beugte sich vor: »Die Hand war behaart!«.

»Vielleicht hat die Nachbarin Männerbesuch, oder die Verwandtschaft ist da.«

Anna schüttelte den Kopf.

»Ne, ne, dat is anders. Hömma, Verwandtschaft hätte sie vorgezeigt. Macht se immer. Und Männerbesuch - hörn sie mal, die Frau ist achtundfuffzich. Die hat keinen Männerbesuch mehr und wenn sie doch nomma Glück haben sollte, dann macht sie bestimmt einen auf schick und gibt doppelt an. So eine is dat, könnse mir glauben. Ne, ne, dat is wat anderes, dat is wat wie bei den Dr. Jekyll und den Mr. Hyde. Ich sach nur: Die behaarte Hand. Habe ich letztens noch in Kino gesehen, mit der Bergmann, wissen sie und den Spencer Tracy.«

Rosemarie zog sich die Flasche Eierlikör heran, füllte Annas Glas und kippte die gelbe Flüssigkeit hinunter.

»Dr. Jekyll, was sie nicht sagen.«

In diesem Augenblick klopfte es an der Tür. Beide Frauen sahen sich an.

Rosemarie zog ihre Waffe aus dem Halfter und entsicherte. Mit dem Kopf wies sie Anna an, zur Tür zu gehen und zu öffnen. Nach einer halben Flasche Eierlikör hatte diese genug Mut, um widerspruchslos dieser Weisung zu folgen. Anna öffnete die Tür – und stand vor dem Postboten.

»So spät noch Post, Herr Hoppenstedt?«

»Was glauben Sie, was wir vor Weihnachten alles auszutragen haben«, stöhnte der Briefträger und schielte zum Küchentisch. Rosemarie hatte die Waffe wieder entsichert und weggesteckt, davon hatte er nichts mitbekommen, aber die Flasche Eierlikör leuchtete ihm eindrucksvoll entgegen.

»Wat hamse denn?«, fragte Anna.

»Für sie einen Brief und für Frau Stronski, ein Paket. Da macht niemand auf. Würden Sie es für Ihre Nachbarin annehmen?«

»Klar«, sagte Anna. »Geben sie her!«

»Sie müssen aber unterschreiben.«

Anna krakelte ihre Unterschrift auf das Empfangsformular, nahm das Paket an und sagte plötzlich übertrieben laut.

»Ein Wertpaket für Frau Stronski?«

»Ja doch«, sagte Herr Hoppenstedt und hoffte immer noch auf eine Einladung.

»Na dann will ich sie mal nicht länger aufhalten«. Anna schloss die Tür. Kichernd ging sie zum Küchentisch. »Gez ham wa den Speck, mit den wa die Mäuse fangen tun.« Rosemarie sah sie fragend an.

»Gleich wenn der Hoppenstedt wech is – der steht noch vor der Tür und hofft auf nen Pinneken Eierlikör – dann leg ich dat Paket bei der Stronski vor die Tür und sach dat auch ganz laut. Dann geh ich wieder rin in meine Wohnung. Sie aber ...« dabei zeigte sie mit ihrem neuerdings beringten Zeigefinger auf Rosemarie, »Sie aber stehen neben der Tür und wenn die sich wieder am Öffnen is, dann schießen se dat Ungeheuer einfach tot.«

»Mit dem Totschießen ist das nicht so einfach«, antwortete Rosemarie, »doch abgesehen davon können wir so vorgehen.«

Als Anna die Tür laut ins Schloss fallen ließ, stand Rosemarie Stankovskie mit ihrer Waffe – beidhändig gehalten – neben der Tür. Anna hing schon Schlüsselloch, bereit sich zu Boden zu werfen, falls doch aus der Wohnung der Stronski geschossen werden sollte. Zunächst tat sich nichts. Anna taten die Knie weh und Rosemarie befürchtete einen Krampf in den erhobenen Armen zu bekommen. Doch dann ging die Tür leise einen Spaltbreit auf, eine Hand – schmutzige Männerhand, behaart –, stellte Rosemarie fest – kam hervor und fasste das Paket. In diesem Augenblick sprang Rosemarie vor, stieß die Tür mit einem kräftigen Fußtritt auf und brüllte in den offenen Türrahmen: »Polizei! Hände hoch und keine Bewegung.«

Das Bild, das sich ihr bot, ließ sie allerdings die Arme mit der Waffe herunternehmen. Quickend und schreiend lag ein Schimpanse am Boden, der sich den Kopf hielt. Vermutlich hatte der kräftige Fußtritt dafür gesorgt, dass der kleine Primate die Tür an den Kopf bekommen hatte. Ein Blick in die Wohnung ließ sie aber die Waffe sofort wieder heben. Ein Blick geradeaus in die Küche zeigte eine

Frau auf dem Stuhl gefesselt und geknebelt. Rosemarie ging mit erhobener Waffe weiter in die Wohnung, den Affen nicht weiter beachtend. Vorsichtig schaute sie in die Räume links und rechts vom Flur und stand dann schließlich in der Küche bei der gefesselten Frau Stronski. Sie mochte trotzdem die Waffe nicht aus der Hand legen und rief: »Frau Puff!« Anna hatte schon darauf gewartet und stand kaum eine halbe Minute später neben ihr.

»Wat is ihnen dann passiert?«, rief sie aus, während sie ihr den Knebel abnahm.

»Er kommt wieder, er kommt wieder!« rief Frau Stronski ängstlich.

»Wer kommt wieder?«, wollte Rosemarie wissen.

Mit Mühe konnte man der Frau nach und nach entlocken, dass ihr Neffe sie besucht und den Affen mitgebracht hatte. Angeblich arbeitet er im Zoo von Hannover als Tierpfleger. Bisher hatte er seine Tante nie besucht, weil die ihn nicht mochte. Gestern stand er mit einem Strauß Blumen und dem Affen vor der Tür und wurde deshalb, wenn auch widerstrebend eingelassen. In der Wohnung war es aber mit der Freundlichkeit vorbei. Er bedrohte sie und forderte sie auf, alles Geld herauszurücken, was sie besaß. Das war nicht viel, so dass er sie zwang, einen Scheck über 500 Mark auszustellen, mit dem er zur Bank unterwegs war, übrigens schon seit dem frühen Nachmittag.

»Wir müssen den überfallen, sofort wenn er in die Wohnung kommt«, schlug Anna vor. Rosemarie schüttelte den Kopf. »Die Bank hat längst geschlossen. Vermutlich kommt er nicht wieder und ist bereits abgehauen.« Sie gingen zu dritt hinüber in Annas Wohnung und Rosemarie rief die Bereitschaft an, ließ Frau Stronski eine Beschreibung des Neffen abgeben.

»Wir gehen jetzt alle drei wieder hinüber und schließen die Tür, für den Fall, dass er doch kommt. Dann können wir ihn überwältigen. Wenn er jedoch die leere Wohnung sieht, verschwindet er.«

Zurück in der Wohnung von Frau Stronski bemerkte Anna als erstes den immer noch jammernden Schimpansen, der sich in eine Ecke des Flurs verkrochen hatte. Sie sah sich um, entdeckte eine Banane in der Küche, nahm diese und näherte sich dem Affen damit.

»Ach du Kleiner. Du kannz ja nix dafür. Hier hasse lecker Banane, komm, dann wird dat Aua auch bald besser.«

Der Schimpanse hörte tatsächlich auf zu Jammern und sah voller Vertrauen zu Anna auf, dann sprang er plötzlich hoch, klammerte sich an Anna fest und legte seinen Kopf auf ihre Schulter. Anna erschrak, begriff aber sehr schnell. Sie hielt den Affen fest, sprach ihm weiter gut zu und setzte sich mit ihm auf einen Stuhl. Der Affe beruhigte sich, nahm nun die Banane an, schälte und aß sie. Rosemarie sah lächelnd zu, aber Frau Stronski schimpfte:

»Wie kann sie dat Untier auch noch liebkosen tun!«

»Dat Dierken kann doch nix dafür?«, sagte Anna. »Und überhaupt, gez erzählen so doch mal, warum se in sonne Situation auch noch am Singen tun waren.«

»Um Hilfe rufen durfte ich ja nicht«, sagte Frau Stronski. »Der hat mich doch mitten Küchenmesser bedroht. Und da habe ich gedacht, als sie da so vorre Haustür am palavern waren, dat wenn ich wat falsches singen tu, dat die Anna Puff dat am merken is, wose doch sogar ihren Kriminalen immer am helfen tun ist.«

Rosemarie sah grinsend zu Anna, die sie jedoch ignorierte.

»Wat falschet am singen? Wat denn, dat war doch Süßer die Glocken nie klingen ...« oder?«

»Ja klar, aber wie war dat mitte Weihnachtszeit?«

Anna sah sie verständnislos an.

»Gnadenlose Weihnachtszeit?«

Jetzt fiel bei Anna der Groschen.

»Klar, habe ich ja gemerkt und sofort bei der Frau Stankowskie auffem Revier angerufen.«

In diesem Augenblick klopfte es an der Wohnungstür. Alle drei sahen erschrocken hin. Rosemarie zog wieder ihre

Waffe, ging leise zur Tür und riss sie plötzlich mit der linken – die Pistole in der rechten hochhaltend – auf.

In der Tür stand Alfred Poggel, im Schlafanzug, mit zerzausten Haaren und ganz rot im Gesicht vom Fieber.

»Was ist denn hier los? Gerade kam ein Anruf von der Dienststelle, den Stronski hätte man verhaftet? Ich wusste gar nicht, dass die Stronski verheiratet ist.«

Man hatte den Neffen am Bahnhof in einer Kneipe gefunden, vollständig betrunken. Er hatte das Geld in eine Fahrkarte nach Paris investiert und weil noch Zeit war, bis der Zug fuhr, auf einen Schluck die Kneipe aufgesucht. Aus einem Schluck wurden mehrere und der Zug war bald vergessen. Alfred war gerade aufgestanden, um zur Toilette zu gehen, als das Telefon klingelte. Das er abnahm, war eher ein Reflex, denn so richtig war er mit seinen Neununddreißig sieben noch nicht in der Welt. Rosemarie brachte ihn wieder zurück ins Bett, da Anna damit beschäftigt war, sich um den Schimpansen zu kümmern. Zu Annas Leidwesen holte ein Tierpfleger des Duisburger Zoos ihn noch am gleichen Abend.

***

Tags drauf war Heiligabend und das Fieber bei Alfred Poggel gesunken. Er saß in der Küche bei seiner Vermieterin und ließ sich alles erzählen. Anna jammerte noch immer darüber, dass man ihr dat kleine Dierken so schnell weggenommen hatte. Alfred nickte verständnisvoll.

»Wenn ein Affe im Spiel ist, kann es nicht schaden, wenn eine Polizistin den Fall übernimmt. Ich hätte das Tier vermutlich gnadenlos erschossen.«

»Herr Poggel!« rief Anna erschrocken. »Dann kann ich mir ja gar keinen anschaffen? Ich muss immer Sorge haben, dat se den mal abmurksen tun, wenn ich mal nich dabei, bein Einkaufen oder bei der Gablonski auffen Schwätzken.«

Alfred stand auf und nickte. »Das könnte tatsächlich passieren.« Dieses Problem sei gelöst, dachte er, kein Affe künftig in der Küche. Er fügte hinzu: »Jetzt gehe ich aber ins Bett und schlaf mich gesund. Das ist nicht das Verkehrteste, was man über Weihnachten machen kann.«

*Horst-Dieter Radke*

## Kuhlen, Kohlen und Geklimper

*1959*

Diese erste Januarwoche des neuen Jahres hatte es in sich. Die Stronski war nach ihrem Desaster mit dem Schimpansen zu ihrer Schwester nach Düsseldorf gefahren. Der stets höfliche Herr Wanke aus dem Erdgeschoss hatte Anna am zweiten Weihnachtstag eine Schachtel Pralinen geschenkt. Eigentlich war er äußerst zurückhaltend, aber dieses Mal sprach er doch einige Sätze mit ihr. »Ich habe Besuch von einem alten Freund. Der hilft mir auch beim Aussortieren von altem Kram, ich bekomme das allein nie hin. Heute krieg ich einen Zentner Kohlen, der muss noch in den Keller und dann sind wir ab morgen weg. Wir haben Urlaub.« Herr Wanke bat Anna am Ende des Flurgesprächs, ein Paket für ihn anzunehmen, dass in den nächsten Tagen geliefert würde.

Anna sah die Männer am nächsten Tag Gepäck in Wankes ‚Leukoplastbomber' verstauen, einem Lloyd LP 300 mit der berüchtigten Sperrholzkarosserie. Anna blickte kurz zu Wankes Freund. Der nickte ihr zu und zog seinen Hut tiefer ins Gesicht. »Gute Reise«, wünschte Anna durch das weit offene Fenster.

Gleich am ersten Werktag des neuen Jahres brachte Hoppenstedt das angekündigte Paket. Anna hatte den Briefträger abgepasst. »Ich soll das Paket für Herrn Wanke annehmen.« Sie trug es in die Abstellkammer, und stellte es neben Eimer und Schrubber.

Annas Mieter, Kriminalhauptkommissar Poggel, musste derzeit viel aufarbeiten. So konnte sie in ziemlicher Lautstärke die neuesten Nachrichten im Radio hören. Da hatten die Sowjets am 2. Januar die Raumsonde ‚Lunik 1' gestartet, die auf dem Mond landen sollte. Sollte!

Am Sonntag, es war der vierte Januar, kam Alfred Poggel in die Küche auf eine Tasse Kaffee und erklärte, dass einige Büros im Polizeipräsidium renoviert würden. »Leider so gründlich, dass mein Dienstzimmer nach einem Rohrbruch unter Wasser steht. Daher habe ich eine große Bitte: Wir sind da ganz dicht an einer dicken Sache dran - würden Sie mir und Herrn Schnittger, kennen Sie ja, für zwei oder drei Tage Ihre Küche zur Verfügung stellen? Sozusagen als Küchenbüro? Wir hätten Ruhe und nicht das Lärmen der Handwerker um die Ohren. Ginge das auch, ohne dass Sie rein-und rauslaufen, Frau Puff?«

Anna nahm sich sofort vor, schon ganz früh am Morgen zwei Thermoskannen mit frischem Kaffee zu füllen und Brote für die Kommissare zu schmieren. Sie unterstützte überaus gerne die Mülheimer Polizei und glühte vor Wichtigkeit. Auch wenn es ihr äußerst schwerfiel, nicht mit anderen über diese Besonderheit in ihrer Wohnung zu sprechen. Mit der Gablonski zum Beispiel. Das hatte Alfred ihr eindringlich mit dem Hinweis auf »Schweigepflicht« untersagt. Sie sagte nichts. Aber sie fand sich häufig vor der geschlossenen Küchentür wieder. Leider bekam sie nur Bruchstücke der Gespräche mit. Schließlich fühlte sie sich als Mitarbeiterin im kriminalen Dienst, außer der Reihe. Sie fand, ein bisschen durfte sie auch wissen, was so geheim besprochen wurde. Sie notierte sich hastig auf ihrem Block das, was sie verstehen konnte, ärgerte sich, dass sie nie Steno gelernt hatte. »Fenske, ... Villa in der oberen Friedrichstraße ... ‘53, ... nie aufgeklärt. Indizienprozess.« Anna wusste, wo das war. *Die Gegend nannte man zu jener Zeit die ‚Straße der Millionäre‘ – da gab‘s ‘ne Menge zu holen.* Sie meinte, sich auch an die damaligen Schlagzeilen zu erinnern. Sie presste ihr Ohr gegen die Tür. »... kam wegen schweren Raubüberfalls dreiundfünfzig in die JVA Essen und ist seit Anfang Dezember wieder frei. Der Kerl stammt aus Mülheim, da wird er bei alten Bekannten nach einem Unterschlupf gesucht haben. Die müssen wir finden. Das ist kein Typ, der auf Penner macht.« Anna konnte noch: »Richtung Dümpten, Denkmannsfeld« kritzeln. Alles Weitere wurde zu einem unverständlichen Gemurmel.

Drinnen ratschten Stühle. Hastig stellte sie das Geschirr zusammen. Schon wurde die Küchentür geöffnet.

»Möchten Sie noch ein Stücksken Kuchen? Habe ich für Sie beide geholt.«

»Ganz lieb, Frau Puff!«, sagte Schnittger und machte einen sehr hungrigen Eindruck.

»Wir müssen los«, erklärte Alfred. »Wäre nett, wenn Sie uns den Kuchen einpacken könnten?«

Anna trug den Teller mit der sahnigen Köstlichkeit in die Küche und stellte die Stücke in eine Aluminium-Brotdose. »Bitte schön!«

»Wir müssen viel aufarbeiten und dieser spezielle Fall scheint uns länger zu beschäftigen, als mir lieb ist. Die nächsten Tage wird es daher bei mir spät werden. Und vielen Dank, dass wir die Küche benutzen durften! Nun können wir auch wieder ins Büro. Heute Mittag rief deshalb sogar der Staatsanwalt bei mir an.« Alfred nickte Anna freundlich zu. Schnittger reichte ihr die Hand, deutete eine Verbeugung an, bei der Anna zart errötete.

***

Jetzt war sie schon zwei Tage allein in ihrer Wohnung. Alfred Poggel hatte weder in seinem Zimmer geschlafen noch angerufen. Nun, das musste er alles nicht, aber nach der Arbeit im Küchenbüro hätte sie zumindest eine kurze Benachrichtigung nett gefunden.

»Ich muss unbedingt zum Konsum. Wenn er jetzt anruft – ich kann's nicht ändern.« Vor dem Geschäft traf sie die Gablonski. Die platzte ohne lange Begrüßung raus: »Sagen Sie mal, seit wann gärtnert der Herr Poggel? Hatter Ferien?«

»Wie? Watt denn? Der arbeitet rund um die Uhr.«

Frau Gablonski lachte laut. »Na, wenn man das Arbeiten nennt!«

»Nun sagen Sie doch, was meinen Sie damit?« Anna reagierte empfindlich, wenn es um ihren Kriminalen ging.

Die Gablonski seufzte genüsslich. »Dat ist so gewesen. Ich war gestern am Denkmannsfeld in der Schrebergartenanlage und habe den Egon besucht. Der hat dort schon ewig lange seinen Garten.«

»Was hat Ihr Egon mit meinem Herrn Poggel zu tun?«

»Nix. Aber wir gingen ein bisschen rum und ich dachte, mir fallen die Äugsken aussem Kopp. Der Kommissar im Garten von Familie Schnittger und guckt sich ausgiebig die Erde und einen winzigen Schuppen an. Öffnete die Tür, guckte, ging aber nicht rein.« Die Gablonski lachte. »Dabei tat er so, als würde ihm dat alles gehören. Und dann betrachtete er ausgiebig den Garten, der direkt an Schnittgers liegt. Hatte sogar ein Spekuliereisen auf. Hab ich noch nie an ihm gesehen.«

»Und wat hat er gesagt, als er Sie beim Beobachten gesehen hat?« »Nix. Er hat mich nicht gesehen. Der ging ganz in sich versunken innet Häusken.«

Anna überlegte.

»Vielleicht hat er da ‘ne Tussi, vielleicht ist die in Schuld, dat der Herr Poggel da innen Garten rummacht«, platzte die Gablonski mit feiner Sprühspucke heraus.

»Nä. Dat glaub ich nie. Dat muss ... Egal. Ich muss schnell was erledigen.« Anna drehte um und eilte nach Hause.

***

In den Frühnachrichten hatte Anna gehört, dass die vom Norden herkommenden heftigen Schneefälle auch übers Ruhrgebiet ziehen würden. Sie schlüpfte in ihre neue Jeans und die warmen Schnürstiefel. Mit Anorak, Schal und Mütze, einer Taschenlampe fuhr sie mit ihrem Käfer zu der Kleingartenanlage am Denkmannsfeld, parkte vor dem Gelände, stieg aus und erst dann überlegte sie, was sie eigentlich wollte. *Alfred beobachten? Kann doch nicht fragen, wat machen Sie da? Wenn er wirklich hier ist, muss das mit seinem Fall zu tun haben.*

Vor dem Eingang blieb Anna stehen, suchte in ihren Taschen und stellte fest, dass sie in der Hetze ihre Notizen vergessen hatte. Aber den Namen »Fenske«, den hatte sie sich gemerkt. Und dass der Mann vor kurzem aus dem Knast entlassen worden war. *Wenn ich doch wüsste, wo genau sich Schnittgers Garten befindet …*

Anna Überlegungen wurden unterbrochen, als eine dünne Frau mit einem Eimer in der Hand das Tor aufschob und zum anderen erkannte sie Alfred Poggel, der sich die Gärten rechts und links genauestens ansah. Die Möglichkeit, dass er sie entdeckte, war zu groß. Was sollte sie denn sagen? Sie fuhr nach Hause. *Wenn Alfred heute Abend kommt, muss ich ihn aushorchen.*

Das mit dem Aushorchen wurde nichts. Alfred kam nicht und rief auch nicht an. Anna begann sich Sorgen zu machen. *Ich warte noch eine Nacht …*

Nach der dritten Nacht war Alfreds Zimmer immer noch leer. Anna hatte ein paar Mal nachgeschaut. Wieder und wieder las sie ihre kargen Notizen durch, aber sie kam nicht weiter. Als sich am frühen Nachmittag die Dämmerung über die Stadt senkte, hielt sie ihre Unruhe nicht mehr aus.

Ein eisiger Wind trieb Regen, Schnee und Passanten vor sich her. Sie parkte vor dem Vereinshaus, ging hinein und entdeckte eine Frau, die Stühle übereinanderstellte. Anna fragte nach Schnittgers Garten. »Ich soll da was abgeben.«

»Gehen Sie den Hauptweg geradeaus. Schnittgers Parzelle können Sie nicht verfehlen. Mitten im Garten steht eine dicke Gartenzwergin. Ist die vorletzte Parzelle Richtung Kappenstraße. Da befindet sich auch unser Haupteingang. Wenn Sie den bitte beim Verlassen nehmen würden! Ich schließe dieses Tor hier nachher ab.«

»Vielen Dank!« Anna entdeckte auf der anderen Straßenseite einen Kiosk mit dem Schild: ‚*Bei Elke*‘. *Falls ich Hilfe brauche. Die haben bestimmt ein Telefon.*

Unterwegs begegnete Anna niemand. *Wenn er nicht in seinem Büro war, hätten ja seine Kollegen bei ihm oder mir angerufen. Hat aber keiner. Auch das Klingeln in Alfreds Zimmer höre ich. Nä, da war nix.*

Am Himmel trieben schwarze Wolken, und es sah aus, als würden sie auf die Schrebergärten herunterkommen. Anna leuchtete die letzten Gartenhäuser mit der Taschenlampe an. *Dat da isses. Die Gartenzwergin.* Garten samt Häuschen lagen im Dunkeln. Auch das Nachbargrundstück war unbeleuchtet. Anna klappte den Riegel am Törchen hoch, machte die Taschenlampe aus und ging vorsichtig über schief gelegte Bruchsteine. Wenn sich jetzt die Tür öffnen und Alfred oder Schnittger herauskommen würde, wäre sie bis auf die Knochen blamiert. Wie sollte sie ihre Anwesenheit erklären?

Rechts und links von der Tür befanden sich kleine Fenster mit rotkarierten Vorhängen, die nicht ganz zugezogen waren. Anna wartete noch einen Moment, bis sich ihre Augen an die graublaue Dunkelheit gewöhnt hatten. Sie reckte sich und konnte niemanden entdecken.

Eine Eule flog über Anna hinweg.

Sie ging um das Haus. Dahinter stand eine Schiebkarre, Harke, Schaufel, Regentonne, so etwas.

Anna entdeckte einen Schuppen. Als sie nähertrat, blieb sie beinahe im Matsch stecken und sah in eine tiefe Kuhle. Wind blies ihr unangenehme Gerüche ins Gesicht, in die Kleidung. Sie zog den Schal bis weit über die Nase, ging vorsichtig zurück, zum Hauseingang. Der Boden quatschte Schlamm in ihre Stiefel. Als wollte er sie am Weitergehen hindern.

*Ich geh jetzt rein!*

Anna drückte die Klinke hinunter. Die Tür war nicht abgeschlossen. Schrebergärtner vertrauten einander. Anna knipste die Taschenlampe an und entdeckte Tisch, zwei Stühle, ein Küchenbüffet, einen Ölofen und ein Sofa, auf dem Bettzeug lag. Auf dem Industrie-Perser lag ein Pullover, der nur Alfred Poggel gehören konnte. Genau so einen hatte Anna ihm mal gestrickt. *Niemand da. Guck ich nebenan.*

Die Taschenlampe blieb aus. Schließlich befand sie sich auf fremden Boden. Sie tappte um das Gartenhäuschen - auch hier überall Matsch. Sie sank ein und hatte Mühe, dass ihr beim Herausziehen nicht die Stiefel abgezogen wurden. Nach der Umrundung landete sie wieder vor dem Eingang, guckte erst gar nicht durch ein Fenster und hatte Glück: Auch diese Tür war unverschlossen. *Licht anmachen? Besser nicht.* Sie stand stocksteif. Dann roch sie etwas angenehm Herbes. Anna erkannte den Geruch. Pitralon – das war Alfreds Rasierwasser. »Er ist hier«, hauchte sie. Sie dachte nicht daran, dass auch andere Männer dieses Rasierwasser besaßen. Sie tappte weiter, stieß gegen etwas, rutschte mit ihren matschbehafteten Schuhen aus und stürzte. Unter ihr stöhnte jemand.

Anna griff in einen Rücken, stieß sich an dessen Hinterteil mit den Händen ab. Anders wusste sie sich nicht zu helfen.

Gerade wollte sie zur Seite gehen, da erhielt sie einen Stoß in den Rücken und knallte zurück auf den Menschen, der wütend aufschrie.

Mit glühenden Schmerzen rollte sie sich auf den Boden und setzte sich. Taschenlampen leuchteten in ihr Gesicht.

Anna konnte niemanden erkennen. Das Licht blendete.

»Die Braut vom Fenske«, stellte eine männliche Stimme fest. »Die hat uns gerade noch gefehlt!«

Endlich konnte Anna die Menschen sehen. Aber sie begriff nichts. Nur den Satz, den hatte sie genau verstanden. »Wat? Dat geht jetzt aber zu weit. So behandelt man mich nicht. Mit einem Fenske habe ich nix zu tun! Ich suche den Herrn Poggel, damit dat klar ist. Der muss hier in der Nähe sein.«

»Wie kommen Sie denn da drauf? Wer sind Sie überhaupt, was machen Sie hier? Geben Sie mal Ihren Personalausweis.«

Rot im Gesicht vor Schmerz und Empörung reichte sie ihm das Papier. »Wer sind Sie denn eigentlich?«

»Kriminalhauptkommissar Schortens. – So, Sie sind also Anna Puff?«

»Wer sonst?«

Der wandte sich von ihr ab und beugte sich zusammen mit seinem Kollegen tief zu dem Menschen herunter, auf den Anna gefallen war. Der drehte langsam, sehr langsam den Kopf zur Seite und blickte Schortens an.

»Endlich, endlich ... Kollege Poggel? Mensch, der Alfred! Was hat man denn mit dir gemacht?«

Alfred war mit Handschellen an einer dicken Metallöse, die aus dem Boden ragte, festgeschlossen.

»Und wo ist der Schlüssel?«, fragte Schortens mit Blick auf die Handschellen.

»Hat Fenske weggeworfen. Ich kann mich nicht umdrehen.« *War das eben die Puff, die auf meinen Rücken gekracht ist? Die kann was erleben.*

Anna stand stumm da.

*Was tut die hier?* Alfred stöhnte. *Der Fall flutscht mir durch die Lappen. Alles kommt durcheinander, mein Zeitplan ist hin und dann auch noch meine Vermieterin!* »Wie schaffen Sie es bloß, dann anwesend zu sein, wenn es nicht unbedingt nötig ist?«

Anna fand seine Worte sehr abweisend.

»Hör mal Schortens«, ächzte Alfred leise, »hol bitte einen Ersatzschlüssel. Meine Handgelenke sind wundgescheuert. Ich liege hier schon seit gestern ... Mach mich los, ich muss dringend pissen.«

»Ach du je ...« Schortens wandte sich an seinen Kollegen. »Tschernik, Schlüssel liegen vorn im Mannschaftswagen. Bring auch die Thermoskanne und meine Butterbrote. Der Kollege muss trinken und essen.«

»Herr Poggel ...«, begann Anna.

Alfred stierte an ihr vorbei.

***

Alfred, von den Handschellen erlöst, vom Blasenungemach befreit, trank die Thermoskanne leer. Anna hatte man heraus komplimentiert, jetzt stand sie vor Schnittgers Garten und guckte so verdattert, dass er fast lachen musste. *Geschieht ihr recht*, dachte Alfred und wärmte seine Hände an der heißen Tasse. Die Essener leuchteten die Grube aus. Sand und Matsch rutschten nach. Tschernik holte Geräte aus dem Mannschaftswagen, baute einen riesigen Strahler auf, und war froh, dass er eine Verlängerungsschnur mitgebracht hatte. Es gab nur im Häuschen eine Steckdose.
»Bin ziemlich wackelig«, erklärte Alfred, und setzte sich in einen Gartenstuhl. Er entdeckte Anna am Zaun. »Sind Sie mit dem Wagen da?«

»Ja!« Mehr traute sie sich in dieser Situation nicht zu sagen.

***

Entsetzt beobachtete sie, wie die Essener einen schlammbedeckten Menschen aus der Grube herauszogen. Es stank intensiv nach Unrat. Mit Wasser aus der Regentonne spülten sie dessen Gesicht ab. Anna sah genau hin. »Ohhhh«, entfuhr es ihr. Schnell legte sie eine Hand über ihren Mund.

»Was ist?«, fragte Alfred.

»Das ist ... das ist ja der Freund von unserem Herrn Wanke, der aus dem Erdgeschoss ... Die Männer sind doch weggefahren, wat macht der inne Grube?« – Nach einem langen Moment fragte sie auch: »Isser tot?«

»Ist er.«

»Wirklich. Ich erkenne den an der langen Nase. So eine ist mir ja mein Lebtag nicht untergekommen. Ich habe gesehen, wie der zu Herrn Wanke in sein Leukoplastauto gestiegen ist. Mir hat er noch freundlich zugenickt.«

Alfred rieb sich die Handgelenke. »Kommen Sie mal eben rüber, Frau Puff.« – »Was haben Sie noch gesehen?«

»Hier? Na, diese Abfallgrube.«

»Wo und wie haben Sie den Fenske lebend gesehen?«

»Herr Wanke hat mir Weihnachten erzählt, dass ein Freund von ihm da sei. Dass er nach den Feiertagen noch Kohlen bekäme. Jedenfalls so ähnlich. Wir fahren in Urlaub, hat er noch gesagt. Und ich nun rein zufällig aussen Fenster geguckt, als die ins Auto stiegen. Da habe ich den anderen gesehen, mit sonner Nase fällt man auf.«

Gereizt wandte sich Alfred ab. Schnittger kam mit Kollegin Stankowski in Annas Auto zurück. »Ich habe Rosemarie gleich mitgebracht. Recht so?«

Alfred nickte.

Alfred war schläfrig und gähnte. Er dachte darüber nach, was Anna ihm erzählt hatte. *Eigentlich alles harmlos* ... Zu seinen Kollegen gewandt, sagt er: »Die Kollegen haben höchstwahrscheinlich Fenske geborgen. Fotos von ihm liegen auf meinem Schreibtisch. Ich bin doch nicht mehr dorthin gekommen. Bring bitte mit den Essenern in deren Mannschaftswagen den Toten zum Zitatenrichie. Der Herr Gerichtsmediziner soll genau nachsehen, wie der Mann zu Tode gekommen ist. Anschließend kommt ihr alle in die Schillerstraße. Frau Puff wird uns mit heißem Kaffee versorgen. Guckt nicht so erstaunt, so kann ich ja wohl nicht ins Büro. Ich muss dringend frische Klamotten anziehen. Wir fahren mit dem Käfer. Rosemarie, du fährst mit uns.«

Anna blickte erstaunt.

»Jetzt denken Sie, dass wir Ihre Küche beschlagnahmen, ohne Sie zu fragen. Also, dürfen wir, Frau Puff?«

»Sie dürfen.«

***

Dass Anna sich so schnell wieder als kriminalistische Mitarbeiterin außer der Reihe fühlen durfte, hätte sie nie gedacht. In ihrer Küche mit Alfred, mit seinen Mitarbeitern, mit den Essenern konnte sie dabei sein und musste alles erzählen, was sie von dem netten Herrn Wanke wusste.

Zaghaft wagte sie eine Frage: »Weshalb wurde der Herr Fenske denn gesucht?«

»Der machte in Mülheims feinstem Viertel einen schweren Bruch, saß seit '53 ein und war gerade wieder auf freiem Fuß. Die Klunker muss er gut versteckt haben, wir haben sie jedenfalls nicht gefunden. Zu allen Fragen nach dem Schmuck und Rohdiamanten hat der die ganzen Jahre geschwiegen. Klar, der wollte abhauen und noch schnell die Steinchen für ein sorgenfreies Leben holen.«

Da murmelte Anna entgeistert: »Dat Paket, dat hab' ich ganz vergessen.«

»Ist was mit dem Wanke?«, fragte Schortens und goss sich Kaffee ein.

»So viel wir wissen, liegt nichts gegen Gregor Wanke vor.«

»Augenblick!« Schnittger stand hektisch auf. »Gregor? Der heißt Gregor?« Er raste in den Flur, wo Annas Telefon an der Wand hing.

Er telefonierte, kam zurück und keuchte: »Gregor. Darauf muss man erst kommen. Ich werd' verrückt!«

»Sag schon!«, forderte Alfred ihn auf.

»Bevor mein Vater den Garten bekam, hatte eine Familie Wanke ihn. Einer ihrer Söhne heißt Gregor. Wegen dieses Vornamens schwant mir was. Den gibt's ja nicht so häufig. Und den Garten neben unserem hatte Ewald Fenske. Dessen Sohn ist der Erich. Unser Fenske heißt doch auch Erich?« Fragend blickte Jürgen Schnittger in die jetzt sehr aufmerksam gewordene Runde.

»Frau Puff!«, rief Alfred. »Wir brauchen Schnaps, aber keinen Eierlikör!«

»Gehnse annen Kühlschrank. Da steht ein Klarer drin. Pinnchen sind im Oberschrank. Ich komme gleich, bevor ich auch noch einen Knall kriege.«

»Wieso Sie?«, fragte Schnittger.

»Ich habe doch ein Paket für Herrn Wanke angenommen.«

In der Abstellkammer wunderte sie sich. *Ich habe doch das Paket neben den Wischeimer gestellt, nicht hinter den ganzen Putzkram. Komisch.* Sie schleppte das Paket in die Küche. »Hier. Bitteschön.«

Schnittger las: »Gregor Wanke, Schillerstraße 18, West-4330 Mülheim a. d. Ruhr.« Unter den gespannten Mienen der anderen öffnete er es mit seinem Taschenmesser. Löste die Schnur und dann sahen sie viel geknülltes Zeitungspapier und dicke Steine. Und einen Briefumschlag, der hinten mit einem Siegel verschlossen war.

»Gib mal«, bat Alfred. Als er ihn öffnete, befand sich nichts außer Luft darin.

»Kinderkram, was soll der Blödsinn?«, schimpfte der zutiefst enttäuschte Alfred. »Für so einen Mist habe ich das alles auf mich genommen? Das kann nicht wahr sein.« Eine tiefe ungesunde Röte übergoss sein Gesicht.

Er war so müde. Immer wieder fielen ihm die Augen zu.

Trotz Erschöpfung riss er sich zusammen: »Rosemarie und Jürgen, geht bitte runter in Wankes Wohnung, brecht die Tür auf und sucht. Ich kann einfach nicht mehr.«

Zu den Essenern gewandt, erzählte Alfred, dass er von Fenskes Freilassung durch den Staatsanwalt informiert worden war und wusste, dass er sich bei der Kleingartenanlage am Denkmannsfeld herumtrieb. »Ich fand dort alle möglichen Leute, nur keinen Fenske. Dann aber, am dritten Tag sah ich ihn. Ich habe den damals festgenommen, und konnte mich gut an ihn erinnern. In Schnittgers Garten grub der jede Menge Erde um, ging ins Haus, kam wieder raus und betrat das Nachbargrundstück. Ich war ohne Auto. Erinnerte mich an eine Trinkhalle außerhalb des Geländes, raste dahin um zu telefonieren, aber die hatten geschlossen. Ich zurück, beobachtete Fenske und einen zweiten Mann. Es war schon ziemlich dunkel geworden. Wieder fing Fenske an zu graben. Den anderen hörte ich lachen und regelrecht jubeln. Mit einer Schüppe holten sie einen Gegenstand nach oben. Ganz kurz war es still und dann stritten die zwei wie die Kesselflicker. Es goss wie verrückt, ich wollte näher ran. Der durch die Graberei entstandene Schlamm hinderte mich. Mehr weiß ich nicht, ich erwachte irgendwann mit einem stinkigen Kartoffelsack über dem Kopf. Konnte meine Hände nicht bewegen, bekam nach endloser Zeit den Sack runter und fand mich an meinen eigenen Handschellen in der Hütte festgeschlossen! So wie ihr mich gefunden habt.«

Rosemarie und Jürgen kamen aus Wankes Wohnung. »Nichts von Bedeutung.«

Anna überlegte. Alfred goss allen Kaffee ein.

Rosemarie fragte: »Sollte ich nochmal mit Jürgen in den Garten und nachsehen, was sich unter dem Fußboden in der Fenske-Hütte befindet?«

»Dann seht euch auch die Figur, diese dicke Zwergin, genauer an. Aber nachher, jetzt brauchen ich euch noch.«

Anna stand vor dem Paket und las aufmerksam den Aufkleber.

»Habe ich doch gleich gemerkt. Dat stand in der Kammer nicht da, wo ich's hingestellt habe. Außer mir wusste keiner davon, konnte keiner dran, Sie, Herr Poggel, waren ja nicht da und jetzt sehe ich, dass ein anderer Aufkleber drauf ist. Vorher war die Straße mit roter Tinte durchgestrichen. Daneben stand in Druckbuchstaben: Schillerstr. – Straße nicht ausgeschrieben.«

Alfred guckte. »Und das wissen Sie ganz genau?«

»Haben Sie zu viel Fantasie?«, fragte Schortens und lächelte Anna begütigend an.

»Die kann manchmal nützlich sein«, sagte Anna spitz. »Mir geht noch etwas durch den Kopf. Die Kohlen ... Die Kohlen! Kommen Se mit!« Sie eilte voraus. »Herr Wanke hat gestern seine Eierkohlen bekommen. Die sind noch im Schüttschacht. Ich gebe Ihnen Schaufeln, alles da hinten zur Seite schüppen ... Ersatzschlüssel zu seinem Keller hab' ich. Hatter wohl nicht dran gedacht.«

»Und nun?«, fragte nach einem stummen, verbissenen Kampf mit den nachrollenden Kohlen der verschwitzte Schortens. »Ich sehe nichts. Nur blöde Eierkohlen. So einen Quatsch mache ich nicht noch einmal mit. Er wischte mit der staubigen Hand durch sein Gesicht. »Scheiße, beißt der Dreck in den Augen.«

»Toll siehste aus«, frozzelte Tschernik.

»Und du? Wie ein Bergmann, der aus der Grube kommt!«

»Ich auch?«, fragte Schnittger.

»Du auch«, versuchte Rosemarie lachend zu kontern. Sah aber auf ihre Kleidung, die über und über mit Kohlenstaub beschmiert war. »Als wenn wir von der Schicht kämen.«

»Sie können bei mir baden. Die anderen auch.«

»Wie, alle zusammen?«, kicherte Jürgen.

»Richtige Arbeit bekommt euch wohl nicht«, murrte Alfred, der sich an der Graberei nicht beteiligt hatte. »Also, Frau Puff, unter den Kohlen war nun nichts.«

»Hörnse, dafür kann ich auch nichts. Gehen Sie nach oben, ich komme gleich nach. Wie gesagt, säubern dürfen Sie sich gerne in meinem Badezimmer. Aber nur einmal Badewasser einlaufen lassen. Dat muss für alle reichen. Ein Krösus bin ich nicht.«

Tatsächlich ließen sie Anna allein. Sie kannte alle Kellerräume im Haus. Ganz genau.

Sie kroch in jede Ecke von Wankes Keller. Hinter einem Regal, auf dem sich Konserven und Eingemachtes befand, entdeckte sie ein Stück Pappe, zog es vor, entdeckte darauf einen halben Paketaufkleber, auf dem die Straße durchgestrichen war. Dick, mit roter Tinte. »Sieh an, dann haben Wanke und Fenske nur so getan, als würden sie verreisen ... Wat soll dat dann mit dem Paket? Der nette Herr Wanke muss in meiner Wohnung gewesen sein und hat ausgetauscht? Wollte der Fenske betuppen?« Sie blickte auf den Fußboden. »Ach nee, sieh einer an.« Anna lachte. Rund um den Abfluss waren die Steine sehr viel heller als die anderen. Als hätte man sie umgedreht oder neue verlegt. Sie fand ein Stocheisen und konnte so die Ziegel anheben. Sechs Stück und darunter fand sie zusammengerollte Handtücher, hob sie heraus, rollte sie aus. »Also, sag ich doch. Eigentlich isset ganz einfach. Die da oben werden staunen! Und ich, ich hab‘ dat ganze Glitzerzeuch gefunden, ich! Da würd‘ mir auch wat gut von stehen ...«

***

»Erfolgreicher Coup der Mülheimer Polizei: Sie konnte einen lange zurückliegenden und spektakulären Juwelenraub aufklären«, schrieben die Zeitungen. »Ausgerechnet im Haus, in dem der leitende Kommissar Alfred Poggel wohnt, wurden die Juwelen und Diamanten im Keller eines Mieters gefunden. Dem voran ging eine Jagd in der Kleingartenanlage am Denkmannsfeld, wobei einer der Täter aus noch ungeklärten Gründen zu Tode kam.«

Anna Puff wurde nicht erwähnt. Das fand sie regelrecht schäbig.

Nach Gregor Wanke wird weiterhin gefahndet. *Da helfe ich nicht mit*, hatte Anna beschlossen. *Dat machen die schön alleine.*

*Monika Detering*

## Puff & Poggel - so fing es an

Wir hatten bereits zwei Romane geschrieben und keinen von beiden zunächst veröffentlichen können. »Dann eben später«, sagten wir und entwickelten einen Krimi. »Krimis gehen immer«, und »zu zweit mordet es sich besser.« Eine geniale Idee schlich sich ein. »Wir schreiben einen im Ruhrpott angesiedelten historischen Kriminalroman!« Das war es, denn wir beide haben einen starken Bezug zu dieser Region. Monika verbrachte während ihrer Kindheit und Jugend viel Zeit bei den vielen Verwandten in Mülheim/Ruhr und Horst- Dieter wuchs in Hamm, am Rande des Ruhrgebiets, auf. Schnell einigten wir uns auf den Handlungszeitraum der Fünfziger Jahre - die hatten viel zu bieten.

Die junge Bundesrepublik war noch vom Krieg gezeichnet, erholte sich aber schnell und wuchs in das »Wirtschaftswunder« hinein. Über all die Jahre gab es genügend kriminelle Energie. Wir recherchierten uns durch die Verbrechen der Nachkriegszeit und fanden unsere Geschichte, unseren Mord, den wir stark verändert ausarbeiteten. Der Mordfall war da. Nun aber her mit dem Personal! Ermittler und Täter. Als erstes stellte sich die neugierige, nervige und agile Zimmervermieterin Anna Puff vor. Da auch in Mülheim eine große Wohnungsnot herrschte, hatte Anna Puff ihr Auskommen. Und schon tauchte der nächste Untermieter auf – unser Kriminalhauptkommissar Alfred Poggel, der dringend ein Zimmer suchte. Die neugierige Anna schaffte es, sich ein wenig an seine Seite zu stellen und dem Kriminalhauptkommissar manch pfiffige Überlegung in die Ohren zu flüstern. Ob er das nun wollte oder nicht. Alfred Poggel brauchte noch Kollegen, die sich bald unserer Schreibarbeit hinzugesellten. Den Täter hatten wir ebenfalls recht schnell, er trieb sich bereits am Rande der Geschichte herum.

»Blütenreine Weste« (1950) hieß dieser erste Kriminalroman um Anna Puff und Alfred Poggel. Er erschien 2013 im Sutton Verlag. Es folgten »Endstation Heißen« (1953), »Chrom, Koks und feine Leute« (1956) und »Bittere Liebe an der Ruhr« (1957). Somit hatten wir unser Romanpersonal gut durch die Fünfziger Jahre gebracht.

Auf dem Weg zu den Romanen entstanden auch eine ganze Reihe Kurzgeschichten und Erzählungen um Anna Puff und Alfred Poggel, teils als »Studien«, zur Entwicklung der jeweiligen Persönlichkeiten, teils aber auch, weil wir manche Ideen in den Romanen nicht unterbringen konnten. Diese Geschichten beginnen schon 1947 und reichen über den vierten Roman hinaus (1959). In der Summe geben Sie ein Bild von der Nachkriegsentwicklung bis hin zur blühenden Bundesrepublik Ende der fünfziger Jahre. Mancher Zeitbezug ist hineingewoben, der heute vergessen ist. Wer erinnert sich beispielsweise noch an Helga Wille und die Nicoletts? Oder an Inge Brandenburg? Zu letzterer lohnt sich auf jeden Fall ein bisschen Recherche bei Youtube.

Einige der Kurzgeschichten erschienen zur Veröffentlichung des ersten Romans auf der Homepage des Sutton-Verlages, andere waren eine gewisse Zeit als E-Book zu haben (edition oberkassel). Aber es gibt auch solche, die in diesem Buch ihre Premiere erleben. »Der neue Untermieter« ist ein Abschnitt aus dem ersten Roman »Blütenreine Weste«, den wir in diese Sammlung Kriminalerzählungen eingefügt haben, um das Zusammenkommen von Alfred Poggel und Anna Puff denjenigen zu zeigen, die die Romane nicht gelesen haben.

Ach ja, einer von den beiden Romanen, die wir zunächst in Teamarbeit vor den Krimis geschrieben hatten, wurde später veröffentlicht und ist noch zu haben (»Ein Sommer auf Hiddensee«, dotbooks).

*Monika Detering, Horst-Dieter Radke*

# Monika Detering

Geboren 1942 in Bielefeld, wollte Monika Detering zunächst Schiffsjunge, Malerin oder Schriftstellerin werden, letzere Wünsche waren den Eltern zu unseriös (vom ersten ahnte niemand etwas). Ihre langjährige Tätigkeit als Puppenkünstlerin mit zahlreichen Ausstellungen führte sie auch nach Washington, Philadelphia und New York. Sie arbeitete als freie Journalistin, belegte Kreatives Schreiben bei Dr. Klaus Modick an der Uni Bielefeld, und nahm am »Szenischen Schreiben« bei Prof. Gottfried Fischborn in Leipzig teil. Die Autorin schreibt allein – aber auch im Team. Kurzgeschichten, Krimis und Romane, die sie gemeinsam mit dem Autor Horst-Dieter Radke schrieb, wurden veröffentlicht. Ebenso die Kurzgeschichten des »Trio Suversiv« (Silke Porath, Jutta Mülich, Monika Detering) und ein Roman, den die Autorin gemeinsam mit Silke Porath schrieb. Einige von Deterings Kurzgeschichten wurden ausgezeichnet. Die Autorin ist Mitglied bei den »42erAutoren«.

# Horst-Dieter Radke

Horst-Dieter Radke, Jahrgang 1953, geboren in Hamm/Westfalen. Wirtschaftsinformatiker, Studium der Betriebspädagogik an der Universität Koblenz-Landau. Lebt seit 1982 im Taubertal mit der Familie. Über seine Wahlheimat hat er mehrere Bücher veröffentlicht, Wanderführer, darüber hinaus Krimis, Novellen, auch Lyrik in diversen Periodika. Mit der Bielefelder Kollegin Monika Detering schreibt er Krimis, die in den 1950er Jahren spielen und Inselromane. Er ist Mitglied bei der Schriftstellervereinigung 42er Autoren e.V., sowie beim SYNDIKAT, der Vereinigung deutschsprachiger Krimiautoren.

Ein Toter im Hafenbecken eines Yacht Clubs am Möhnesee verändert schlagartig das Leben der Kommissar-Anwärterin Fenja Grothe.

Nicht nur die immer komplexer werdenden Ermittlungen bereiten ihr Kopfzerbrechen. Auch die Arroganz und Unfähigkeit des Ermittlungsleiters, Hauptkommissar Ludger Fromme verunsichert sie. Als zwei weitere Morde geschehen, beschließt Fenja, auf eigene Faust zu recherchieren.